Les grands discours de l'histoire

Dans la série *Mémo*
(extrait)

Conjugaison française, Librio n° 470
Grammaire française, Librio n° 534
Conjugaison anglaise, Librio n° 558
Dieux et héros de la mythologie grecque, Librio n° 593
Orthographe française, Librio n° 596
Grammaire anglaise, Librio n° 601
Difficultés du français, Librio n° 642
Vocabulaire anglais courant, Librio n° 643
Conjugaison espagnole, Librio n° 644
Les rois de France, Librio n° 650
Guerres et conflits du xxe siècle, Librio n° 651
Dieux et pharaons de l'Égypte ancienne, Librio n° 652
La Révolution française 1789-1799, Librio n° 696
Figures de style, Librio n° 710
Mouvements littéraires, Librio n° 711
Grammaire espagnole, Librio n° 712
Latin pour débutants, Librio n° 713
Histoire de l'art et des styles, Librio n° 714
Histoire romaine, Librio n° 720
Le dico de l'info, Librio n° 743
Formulaire de mathématiques, Librio n° 756
La cuisse de Jupiter, Librio n° 757
Le dico de la philo, Librio n° 767
La géométrie, Librio n° 771
Chronologie universelle, Librio n° 773
Petit atlas de la France d'aujourd'hui, Librio n° 780
Les reines de France, Librio n° 782
Dictionnaire des personnages de la Bible, Librio n° 795
Les bons usages d'Internet, Librio n° 807
Le dico du citoyen, Librio n° 808
Écologuide de A à Z, Librio n° 811
Chinois pour débutants, Librio n° 823
Apprendre à apprendre, Librio n° 831
Vocabulaire espagnol, Librio n° 842
Les grandes dates du xxe siècle, Librio n° 852
Les grands noms de l'histoire, Librio n° 853

Kevin Labiausse

Les grands discours de l'histoire

Librio

Inédit

Sommaire

Introduction

« Tu ne tueras pas », « La flamme de la résistance française ne doit pas s'éteindre et ne s'éteindra pas », « I have a dream », « Ich bin ein Berliner »... Toutes ces bribes de discours ont traversé le temps et constituent aujourd'hui un patrimoine historique que nous conservons précieusement. Elles ont été prononcées dans des contextes passés et différents, et n'ont jamais été oubliées car elles incarnent toujours aussi parfaitement le reflet de chacune de leur époque. Peut-être ne savons-nous pas toujours très bien à quel personnage ou à quel événement les faire correspondre, mais elles font assurément office de repères culturels bien ancrés dans notre savoir commun.

Ce livre a pour objectifs de réveiller les plus célèbres phrases des grands hommes de l'Histoire et de redécouvrir dans quel cadre elles ont été prononcées. Il aurait été en effet réducteur de s'en tenir à quelques mots seulement. Les discours qui vous sont donc présentés ici se trouvent, pour la majorité d'entre eux, reproduits dans leur intégralité, certains ayant été réduits pour favoriser une lecture plus aisée. On retrouve dans ces textes la même flamme oratoire, qu'ils aient été déclamés par un prophète, un chef d'État ou une religieuse. Même si ce livre ne prétend pas à l'exhaustivité, tous ces discours nous racontent notre Histoire, faite de menaces et de haines, mais aussi d'espoirs et de défis.

Kevin Labiausse

Moïse

« Les dix commandements »

Vers 1300 avant J.-C. (Deutéronome 5)

Moïse est l'auteur des cinq premiers livres de la Bible (ou Pentateuque). Il y raconte sa propre histoire, celle de ses ancêtres et celle du peuple d'Israël. Personnage principal de la Bible, il est considéré comme le prophète ayant conduit les Hébreux hors d'Égypte vers le pays de Canaan.

Après la traversée de la mer Rouge, Moïse et les Hébreux s'engagent dans le désert. C'est au Sinaï, sur le mont Horeb, que Moïse reçoit de Dieu les dix commandements (ou Décalogue) qui constituent un ensemble d'instructions morales et religieuses. Il les retransmet à tous les Hébreux.

Moïse convoqua tout Israël, et leur dit :

Écoute, Israël, les lois et les ordonnances que je vous fais entendre aujourd'hui. Apprenez-les, et mettez-les soigneusement en pratique.

L'Éternel, notre Dieu, a traité avec nous une alliance à Horeb.

Ce n'est point avec nos pères que l'Éternel a traité cette alliance ; c'est avec nous, qui sommes ici aujourd'hui, tous vivants.

L'Éternel vous parla face à face sur la montagne, du milieu du feu.

Je me tins alors entre l'Éternel et vous, pour vous annoncer la parole de l'Éternel ; car vous aviez peur du feu, et vous ne montâtes point sur la montagne. Il dit :

« Je suis l'Éternel, ton Dieu, qui t'ai fait sortir du pays d'Égypte, de la maison de servitude.

Tu n'auras point d'autres dieux devant ma face.

Tu ne te feras point d'image taillée, de représentation quelconque des choses qui sont en haut dans les cieux, qui sont en bas sur la terre, et qui sont dans les eaux plus bas que la terre.

Tu ne te prosterneras point devant elles, et tu ne les serviras point ; car moi, l'Éternel, ton Dieu, je suis un Dieu jaloux, qui punis l'iniquité des pères sur les enfants jusqu'à la troisième et à la quatrième génération de ceux qui me haïssent,

et qui fais miséricorde jusqu'en mille générations à ceux qui m'aiment et qui gardent mes commandements.

Tu ne prendras point le nom de l'Éternel, ton Dieu, en vain ; car l'Éternel ne laissera point impuni celui qui prendra son nom en vain.

Observe le jour du repos, pour le sanctifier, comme l'Éternel, ton Dieu, te l'a ordonné.

Tu travailleras six jours, et tu feras tout ton ouvrage.

Mais le septième jour est le jour du repos de l'Éternel, ton Dieu : tu ne feras aucun ouvrage, ni toi, ni ton fils, ni ta fille, ni ton serviteur, ni ta servante, ni ton bœuf, ni ton âne, ni aucune de tes bêtes, ni l'étranger qui est dans tes portes, afin que ton serviteur et ta servante se reposent comme toi.

Tu te souviendras que tu as été esclave au pays d'Égypte, et que l'Éternel, ton Dieu, t'en a fait sortir à main forte et à bras étendu : c'est pourquoi l'Éternel, ton Dieu, t'a ordonné d'observer le jour du repos.

Honore ton père et ta mère, comme l'Éternel, ton Dieu, te l'a ordonné, afin que tes jours se prolongent et que tu sois heureux dans le pays que l'Éternel, ton Dieu, te donne.

Tu ne tueras point.

Tu ne commettras point d'adultère.

Tu ne déroberas point.

Tu ne porteras point de faux témoignage contre ton prochain.

Tu ne convoiteras point la femme de ton prochain ; tu ne désireras point la maison de ton prochain, ni son champ, ni son serviteur, ni sa servante, ni son bœuf, ni son âne, ni aucune chose qui appartienne à ton prochain. »

Telles sont les paroles que prononça l'Éternel à haute voix sur la montagne, du milieu du feu, des nuées et de l'obscurité, et qu'il adressa à toute votre assemblée, sans rien ajouter. Il les écrivit sur deux tables de pierre, qu'il me donna.

Lorsque vous eûtes entendu la voix du milieu des ténèbres, et tandis que la montagne était tout en feu, vos chefs de tribus et vos anciens s'approchèrent tous de moi, et vous dîtes : « Voici, l'Éternel, notre Dieu, nous a montré sa gloire et sa grandeur, et nous avons entendu sa voix du milieu du feu ; aujourd'hui, nous avons vu que Dieu a parlé à des hommes, et qu'ils sont demeurés vivants.

Et maintenant pourquoi mourrions-nous ? car ce grand feu nous dévorera ; si nous continuons à entendre la voix de l'Éternel, notre Dieu, nous mourrons.

Quel est l'homme, en effet, qui ait jamais entendu, comme nous, la voix du Dieu vivant parlant du milieu du feu, et qui soit demeuré vivant ?

Approche, toi, et écoute tout ce que dira l'Éternel, notre Dieu ; tu nous rapporteras toi-même tout ce que te dira l'Éternel, notre Dieu ; nous l'écouterons, et nous le ferons ».

L'Éternel entendit les paroles que vous m'adressâtes. Et l'Éternel me dit : « J'ai entendu les paroles que ce peuple t'a adressées : tout ce qu'ils ont dit est bien.

Oh ! s'ils avaient toujours ce même cœur pour me craindre et pour observer tous mes commandements, afin qu'ils fussent heureux à jamais, eux et leurs enfants !

Va, dis-leur : Retournez dans vos tentes.

Mais toi, reste ici avec moi, et je te dirai tous les commandements, les lois et les ordonnances, que tu leur enseigneras, afin qu'ils les mettent en pratique dans le pays dont je leur donne la possession. »

Vous ferez avec soin ce que l'Éternel, votre Dieu, vous a ordonné ; vous ne vous en détournerez ni à droite, ni à gauche.

Vous suivrez entièrement la voie que l'Éternel, votre Dieu, vous a prescrite, afin que vous viviez et que vous soyez heureux, afin que vous prolongiez vos jours dans le pays dont vous aurez la possession.

Traduction de Louis SEGOND

Jésus de Nazareth

« Sermon sur la montagne »

Vers 30 (Évangile selon Matthieu 5)

Jésus de Nazareth (né en 4-5 avant l'ère qui porte son nom, mort en 28-29 de cette ère), appelé également Jésus-Christ, est le fondateur du christianisme. Il est considéré comme le Messie, le fils de Dieu, le rédempteur et la deuxième personne de la Sainte Trinité. Sa naissance fait débuter l'ère chrétienne. Ses prédications se heurtant à l'incompréhension de ses contemporains, Jésus est arrêté, condamné à mort et crucifié.

Sa vie et son enseignement nous sont racontés principalement par les Évangiles de Matthieu, Marc, Luc et Jean. C'est dans l'Évangile selon Matthieu qu'est narré l'épisode du sermon de la montagne, dont le contenu est évoqué plus brièvement dans l'Évangile selon Luc. Jésus délivre, dans ce texte prononcé à ses disciples et à la foule, les béatitudes, la prière du Notre Père et d'autres principes centraux de l'observance chrétienne.

Heureux les pauvres en esprit, car le royaume des cieux est à eux !

Heureux les affligés, car ils seront consolés !

Heureux les débonnaires, car ils hériteront la terre !

Heureux ceux qui ont faim et soif de la justice, car ils seront rassasiés !

Heureux les miséricordieux, car ils obtiendront miséricorde !

Heureux ceux qui ont le cœur pur, car ils verront Dieu !

Heureux ceux qui procurent la paix, car ils seront appelés fils de Dieu !

Heureux ceux qui sont persécutés pour la justice, car le royaume des cieux est à eux !

Heureux serez-vous, lorsqu'on vous outragera, qu'on vous persécutera et qu'on dira faussement de vous toute sorte de mal, à cause de moi.

Réjouissez-vous et soyez dans l'allégresse, parce que votre récompense sera grande dans les cieux ; car c'est ainsi qu'on a persécuté les prophètes qui ont été avant vous.

Vous êtes le sel de la terre. Mais si le sel perd sa saveur, avec quoi la lui rendra-t-on ? Il ne sert plus qu'à être jeté dehors, et foulé aux pieds par les hommes.

Vous êtes la lumière du monde. Une ville située sur une montagne ne peut être cachée ; et on n'allume pas une lampe pour la mettre sous le boisseau, mais on la met sur le chandelier, et elle éclaire tous ceux qui sont dans la maison.

Que votre lumière luise ainsi devant les hommes, afin qu'ils voient vos bonnes œuvres, et qu'ils glorifient votre Père qui est dans les cieux.

Ne croyez pas que je sois venu pour abolir la loi ou les prophètes ; je suis venu non pour abolir, mais pour accomplir.

Car, je vous le dis en vérité, tant que le ciel et la terre ne passeront point, il ne disparaîtra pas de la loi un seul iota ou un seul trait de lettre, jusqu'à ce que tout soit arrivé.

Celui donc qui supprimera l'un de ces plus petits commandements, et qui enseignera aux hommes à faire de même, sera appelé le plus petit dans le royaume des cieux ; mais celui qui les observera, et qui enseignera à les observer, celui-là sera appelé grand dans le royaume des cieux.

Car, je vous le dis, si votre justice ne surpasse celle des scribes et des pharisiens, vous n'entrerez point dans le royaume des cieux.

Vous avez entendu qu'il a été dit aux anciens : Tu ne tueras point ; celui qui tuera mérite d'être puni par les juges.

Mais moi, je vous dis que quiconque se met en colère contre son frère mérite d'être puni par les juges ; que celui qui dira à son frère : Raca ! mérite d'être puni par le sanhédrin ; et que celui qui lui dira : Insensé ! mérite d'être puni par le feu de la géhenne.

Si donc tu présentes ton offrande à l'autel, et que là tu te souviennes que ton frère a quelque chose contre toi,

laisse là ton offrande devant l'autel, et va d'abord te réconcilier avec ton frère ; puis, viens présenter ton offrande.

Accorde-toi promptement avec ton adversaire, pendant que tu es en chemin avec lui, de peur qu'il ne te livre au juge, que le juge ne te livre à l'officier de justice, et que tu ne sois mis en prison.

Je te le dis en vérité, tu ne sortiras pas de là que tu n'aies payé le dernier quadrant.

Vous avez appris qu'il a été dit : Tu ne commettras point d'adultère.

Mais moi, je vous dis que quiconque regarde une femme pour la convoiter a déjà commis un adultère avec elle dans son cœur.

Si ton œil droit est pour toi une occasion de chute, arrache-le et jette-le loin de toi ; car il est avantageux pour toi qu'un seul de tes membres périsse, et que ton corps entier ne soit pas jeté dans la géhenne.

Et si ta main droite est pour toi une occasion de chute, coupe-la et jette-la loin de toi ; car il est avantageux pour toi qu'un seul de tes membres périsse, et que ton corps entier n'aille pas dans la géhenne.

Il a été dit : Que celui qui répudie sa femme lui donne une lettre de divorce.

Mais moi, je vous dis que celui qui répudie sa femme, sauf pour cause d'infidélité, l'expose à devenir adultère, et que celui qui épouse une femme répudiée commet un adultère.

Vous avez encore appris qu'il a été dit aux anciens : Tu ne te parjureras point, mais tu t'acquitteras envers le Seigneur de ce que tu as déclaré par serment.

Mais moi, je vous dis de ne jurer aucunement, ni par le ciel, parce que c'est le trône de Dieu ;

ni par la terre, parce que c'est son marchepied ; ni par Jérusalem, parce que c'est la ville du grand roi.

Ne jure pas non plus par ta tête, car tu ne peux rendre blanc ou noir un seul cheveu.

Que votre parole soit oui, oui, non, non ; ce qu'on y ajoute vient du malin.

Vous avez appris qu'il a été dit : Œil pour œil, et dent pour dent.

Mais moi, je vous dis de ne pas résister au méchant. Si quelqu'un te frappe sur la joue droite, présente-lui aussi l'autre.

Si quelqu'un veut plaider contre toi, et prendre ta tunique, laisse-lui encore ton manteau.

Si quelqu'un te force à faire un mille, fais-en deux avec lui.

Donne à celui qui te demande, et ne te détourne pas de celui qui veut emprunter de toi.

Vous avez appris qu'il a été dit : Tu aimeras ton prochain, et tu haïras ton ennemi.

Mais moi, je vous dis : Aimez vos ennemis, bénissez ceux qui vous maudissent, faites du bien à ceux qui vous haïssent, et priez pour ceux qui vous maltraitent et qui vous persécutent,

afin que vous soyez fils de votre Père qui est dans les cieux ; car il fait lever son soleil sur les méchants et sur les bons, et il fait pleuvoir sur les justes et sur les injustes.

Si vous aimez ceux qui vous aiment, quelle récompense méritez-vous ? Les publicains aussi n'agissent-ils pas de même ?

Et si vous saluez seulement vos frères, que faites-vous d'extraordinaire ? Les païens aussi n'agissent-ils pas de même ?

Soyez donc parfaits, comme votre Père céleste est parfait.

Traduction de Louis SEGOND

Mahomet

« Les versets sur la prière »

623 (Coran, sourate 2, 139-158)

Mahomet (vers 570-632), appelé également Mohammed ou Muhammad, est le fondateur de la religion musulmane, et de ce fait de la communauté des musulmans, l'Oumma. Appelé à être le prophète d'un renouveau spirituel et social, Mahomet a, d'après la tradition, des visions de l'archange Gabriel qui lui transmet la parole divine. Il prêche alors un dieu unique (Allah) et son message est retranscrit dans le Coran. Forcé de quitter La Mecque, sa fuite à Médine en 622 marque le début de l'ère musulmane. Il organise alors une société dans laquelle la loi de l'islam se substitue aux anciennes coutumes.

Le Coran est considéré comme le texte sacré le plus important de la religion musulmane. Il est divisé en cent quatorze chapitres appelés sourates. Ces sourates sont elles-mêmes composées de versets. La sourate 2, la plus longue du Coran, est postérieure à l'Hégire. Intitulée La Génisse, *elle traite de sujets variés et l'extrait présenté ici s'attarde notamment sur la direction de la prière, telle qu'elle a été indiquée par l'archange Gabriel à Mahomet.*

Nous t'avons vu tourner incertain ton visage de tous les côtés du ciel ; nous voulons que tu le tournes *dorénavant* vers une région dans laquelle tu te complairas. Tourne-le donc vers la plage de l'oratoire sacré. En quelque lieu que vous soyez, tournez-vous vers cette plage. Ceux qui ont reçu les Écritures savent que c'est la vérité qui vient du Seigneur, et Dieu n'est point inattentif à leurs actions.

Quand même tu ferais en présence de ceux qui ont reçu les Écritures toute sorte de miracles, ils n'adopteraient pas ta *Qibla* [direction dans la prière]. Toi tu n'adopteras pas non plus la leur. Parmi eux-mêmes, les uns ne suivent point la *Qibla* des autres. Si, après la science que tu as reçue, tu suivais leurs désirs, tu serais du nombre des impies.

Ceux qui ont reçu les Écritures connaissent l'Apôtre comme leurs propres enfants ; mais la plupart cachent la vérité qu'ils connaissent.

La vérité vient de ton Seigneur. Ne sois donc pas de ceux qui doutent.

Chaque peuple a une plage du ciel vers laquelle il se tourne en priant. Vous, efforcez-vous à pratiquer les bonnes œuvres partout où vous êtes. Dieu vous rassemblera tous un jour, car il est tout-puissant.

De quelque lieu que tu sortes, tourne ton visage vers l'oratoire sacré. C'est un précepte vrai émané de ton Seigneur, et Dieu n'est point inattentif à vos actions.

De quelque lieu que tu sortes, tourne ton visage vers l'oratoire sacré. En quelque lieu que vous soyez, tournez vos visages de ce côté-là, afin que les hommes n'aient aucun prétexte de dispute contre vous. Quant aux impies, ne les craignez point, mais craignez-moi ; afin que j'accomplisse mes bienfaits sur vous, et que vous soyez dans la droite voie.

C'est ainsi que nous avons envoyé des prophètes de votre nation, afin qu'ils vous lisent le récit de nos miracles ; afin que chacun d'eux vous rende purs et vous enseigne le livre [le Coran], la sagesse, et qu'il vous apprenne ce que vous ignoriez.

Souvenez-vous de moi, et je me souviendrai de vous ; rendez des actions de grâces, et ne soyez pas ingrats envers moi.

Ô croyants ! implorez le secours du ciel par la prière et la patience. Dieu est avec les patients.

Ne dites pas que ceux qui sont tués dans la voie de Dieu sont des morts. Non, ils sont vivants ; mais vous ne les comprenez pas.

Nous vous éprouvons par la peur et la faim, par les pertes de vos biens et dans vos hommes, par les dégâts dans vos récoltes. Annonce des nouvelles heureuses à ceux qui souffrent patiemment.

À ceux qui, lorsqu'un malheur s'appesantit sur eux, s'écrient : Nous sommes à Dieu, et nous retournons à lui,

Les bénédictions du Seigneur et sa miséricorde s'étendront sur eux. Ils seront dirigés dans la droite voie.

Safa et Merwa sont des monuments de Dieu ; celui qui fait le pèlerinage de La Mecque ou qui visitera la maison sainte ne commet aucun péché, s'il fait le tour de ces deux collines. Celui qui aura fait une bonne œuvre de son propre mouvement recevra une récompense ; car Dieu est reconnaissant et connaît tout.

Que ceux qui dérobent à la connaissance des autres les miracles et la vraie direction après que nous les avons fait connaître dans le livre [le Pentateuque] soient maudits de Dieu et de tous ceux qui savent maudire.

Ceux qui reviennent à moi, qui se corrigent et font connaître la vérité aux autres ; à ceux-là, je reviendrai aussi, car j'aime à revenir *vers un pécheur converti,* et je suis miséricordieux.

Ceux qui mourront infidèles seront frappés de la malédiction de Dieu, des anges et de tous les hommes.

Ils en seront éternellement couverts ; leurs tourments ne s'adouciront point, et Dieu ne tournera point vers eux ses regards.

Votre Dieu est le Dieu unique ; il n'y en a point d'autre, il est le Clément et le Miséricordieux.

Traduction de KASIMIRSKI

Saint François d'Assise

« Le sermon aux oiseaux »

Vers 1200

Saint François d'Assise (vers 1182-1226) est issu d'une riche famille de marchands italiens. Il abandonne sa jeunesse dorée pour se vouer à la pauvreté évangélique. Entouré de disciples, il forme en 1209 l'ordre religieux des Frères mineurs, également appelé ordre franciscain. Après avoir voyagé au Maroc et en Égypte afin de convertir les musulmans, il reçoit les stigmates de la Passion (1224). Sa légende est perpétuée dans les fresques attribuées à l'atelier de Giotto, à Assise. Il est canonisé en 1228 par l'Église catholique romaine.

Alors qu'il chemine par monts et par vaux, et s'approche de Bevagna, François aperçoit une foule d'oiseaux de toute espèce rassemblés dans un champ par bandes entières. Il abandonne ses compagnons de route et accourt vers eux. Les oiseaux ne s'envolent pas. François les salue, puis prononce son sermon. À son écoute, les oiseaux démontrent leur joie en battant des ailes. Au terme de ses paroles, François les bénit et les invite à s'envoler. Son sermon, tel qu'il est retranscrit par son biographe Thomas de Celano, pourrait s'inspirer de l'épisode de l'Alverne où, François s'étant endormi, des oiseaux étaient venus se poser sur lui.

Bien des liens nous attachent à Dieu, mes petits frères les oiseaux ; et toujours et partout vous avez le devoir de le louer à cause de cette liberté de voler en tous lieux.

[...]

Et à cause de votre plumage merveilleusement peint et orné, et à cause de votre nourriture qui vous est fournie sans travail.

[...]

Car vous ne semez ni ne moissonnez, et Dieu vous nourrit, et il vous a donné des rivières et des sources pour y boire.

[...]

D'où vous pouvez voir que votre Créateur vous aime beaucoup, qui vous a accordé tant de bienfaits. Et c'est pourquoi prenez garde, mes frères les petits oiseaux, de ne pas vous montrer ingrats, mais appliquez-vous toujours à louer Dieu !

D'après la traduction de Théodore de WYZEMA

ÉLISABETH Ire D'ANGLETERRE

« Discours aux troupes à Tilbury »

9 août 1588

Élisabeth Ire d'Angleterre (1533-1603) est la fille du roi Henri VIII d'Angleterre et d'Anne Boleyn. Accédant au trône en 1558, elle est couronnée en l'abbaye de Westminster à Londres le 15 janvier 1559. Restée seule et sans enfants, elle est surnommée la Reine vierge. Son prestige de reine d'Angleterre, mais aussi de reine d'Irlande, lui vaut le surnom de Gloriana. La période de son règne, long de quarante-cinq ans, correspond à la montée en puissance de son pays.

En 1588, alors que l'Angleterre subit les assauts de l'Invincible Armada sous les ordres du roi Philippe II d'Espagne, la reine Élisabeth Ire part à la rencontre de ses soldats à Tilbury. Excellente oratrice, elle prononce, à travers les bourrasques, un discours qui fait aujourd'hui partie de sa légende. Ses paroles constituent un grand moment de ferveur et d'enthousiasme et deviennent l'un des sujets favoris des peintres anglais. On peut néanmoins relativiser l'impact du discours quand on sait que les ennemis espagnols ont déjà disparu et que l'Armada est réduite à l'état de débris quand Élisabeth se rend à Tilbury. Mais les nouvelles allaient alors moins vite que de nos jours et on redoutait encore l'arrivée de l'armée du duc de Parme.

Peuple bien-aimé,

Certaines personnes soucieuses de ma sécurité ont cherché, par peur de trahison, à me dissuader de me joindre à cette foule armée. Mais je puis vous assurer que je ne saurais vivre et me méfier de mon peuple fidèle et adoré. Prenez garde, tyrans : Dieu m'en soit témoin, j'ai toujours considéré que ma principale force et ma plus grande protection émanaient des cœurs loyaux et zélés de mes sujets.

C'est pourquoi je suis ici aujourd'hui : pas pour me divertir ou m'amuser, mais en étant résolue, au cœur de la violence du combat, à me battre parmi vous – dussé-je y succomber –, à offrir mon honneur et mon sang à mon Dieu, à mon royaume et à mon peuple. Je sais que mon corps est celui d'une frêle et faible femme, mais j'ai le cœur ardent d'un roi, celui d'un roi d'Angleterre ; et qu'un prince de Parme, d'Espagne, ou de n'importe où en Europe, osât envahir les frontières de mon royaume serait la pire des folies : car je ne tolérerai pas un tel déshonneur et prendrai moi-même les armes, serai moi-même votre général, votre juge, et celle qui saura vous récompenser de votre bravoure au combat. Je sais que par votre courage vous méritez déjà louanges et couronnes et, en ma qualité de Reine, je puis vous l'assurer, elles vous seront payées.

Traduction de Benjamin KUNTZER

Charles Ier

« Discours avant son exécution »

30 janvier 1649

Charles Ier (1600-1649) est le fils du roi d'Angleterre Jacques Ier Stuart. Devenu lui-même roi en 1625, il est poussé dans la voie du despotisme par ses ministres, ce qui lui vaut une violente contestation parlementaire tout au long de son règne. Une première guerre civile oppose les partisans du roi à l'armée du Parlement alliée aux Écossais. Charles Ier étant vaincu mais évadé, une seconde guerre civile est déclenchée et conduit à la victoire de l'armée de Cromwell. Ce dernier obtient du Parlement épuré la condamnation à mort du roi.

Le 30 janvier 1649, Charles Ier se trouve devant le palais de Whitehall pour être exécuté. Traduit en justice, il a été condamné à mort pour trahison, meurtre et tyrannie. Sur l'échafaud, juste avant d'être décapité, il prend la parole en public et prononce un court discours devant le peuple anglais, trop éloigné de lui pour pouvoir clairement l'entendre.

Je dois à Dieu et à mon pays de me voir partir en honnête homme, en bon Roi et en bon chrétien. [...]

Chacun sait que ce n'est pas moi qui ai entamé la guerre contre les deux chambres du Parlement, et j'atteste Dieu, à qui je vais tout à l'heure rendre compte, que je ne me suis jamais proposé d'attenter à leurs privilèges. Ce sont elles qui ont voulu attenter aux miens. [...]

À Dieu ne plaise que j'en accuse le Parlement ; j'espère qu'il est étranger à ce crime, et je crois que des êtres mal intentionnés, qui se sont interposés entre lui et moi, sont la cause de tout ce sang versé. De même que je suis innocent, j'espère et je prie Dieu qu'il le soit aussi. Cependant, comme chrétien, je comprends la justice divine. Souvent Dieu punit un jugement inique par un autre : une injuste sentence (celle qui a condamné à mort le comte de Strafford), dont j'ai souffert l'exécution est à présent punie sur moi par une injuste sentence. [...] J'ai pardonné à tout le monde, même à ceux qui ont causé ma mort. Je ne veux pas savoir qui ils sont ; je prie Dieu de leur pardonner. Je souhaite, par charité, qu'ils puissent faire acte de repentance, car ils ont commis un vrai péché. [...]

Ainsi je pense que la voie que vous suivez est loin d'être la bonne. Vous ne serez jamais en paix tant que vous ne rendrez pas à Dieu, au Roi et au peuple ce qui leur est dû. Je suis autant pour eux qu'aucun de vous. [...]

Quant au peuple, je désire qu'il soit libre, autant qu'il est possible. Mais la liberté consiste à avoir des lois qui protègent la vie et le bien des sujets, et non à prendre part au gouvernement. Un sujet et un souverain n'ont rien de commun ; ainsi, jusqu'à ce qu'on ait fait ce que je dis, le peuple ne jouira d'aucune liberté. C'est pour lui que je suis ici. Je n'y serais pas si j'avais laissé bouleverser toutes les lois par la puissance de l'épée. En conséquence, je vous déclare que je suis martyr du peuple. [...]

J'ai acquitté ma conscience, et je prie Dieu qu'il vous fasse prendre les mesures les plus propres à opérer le bien du royaume et votre propre salut. [...]

Ma fidélité à la religion est, je pense, bien connue de tout le monde, et je déclare devant vous que je meurs chrétien selon la profession de foi de l'Église d'Angleterre, telle que mon père me l'a transmise.

Traduction de Benjamin KUNTZER

Saint-Just

« Discours au procès de Louis XVI »

27 décembre 1792

Louis Antoine Saint-Just (1767-1794) est un des personnages emblématiques de la Révolution française. Député à la Convention, dont il est le benjamin en 1792, et admirateur de Robespierre, il est un membre de la Montagne et du club des Jacobins. Exigeant une république égalitaire et vertueuse, il devient le théoricien et l'« Archange » de la Terreur. Entraîné dans la chute de Robespierre (9 thermidor), il meurt guillotiné.

Après la découverte de l'armoire de fer et de papiers compromettants pour Louis XVI le 20 novembre 1792, la Convention décide de se transformer en tribunal afin de juger elle-même le roi. Elle devient alors le théâtre d'un nouvel affrontement entre Montagnards, pressés de prononcer une sentence exemplaire, et Girondins, craignant une décision précipitée. Le 27 décembre, Saint-Just répond aux hésitations des Girondins en prononçant un discours fort qui persuadera la Convention de conduire Louis XVI sur l'échafaud.

Quand le peuple était opprimé, ses défenseurs étaient proscrits : ô vous qui défendez celui que tout un peuple accuse, vous ne vous plaindrez pas de cette injustice ! Les rois persécutaient la vertu dans les ténèbres ; nous, nous jugeons les rois à la face de l'univers ! Nos délibérations sont publiques, pour qu'on ne nous accuse point de nous conduire sans ménagement. Ô vous, encore une fois, qui défendez Louis, vous défendez tous les Français contre le jugement que va porter le monde entier ! Peuple généreux jusqu'au dernier jour ! Il ne voulut point juger lui-même son ennemi ; il permit qu'on employât tout pour le convaincre qu'il se trompait, lors même que tant de familles portaient le deuil de leurs enfants, et que les meilleurs citoyens, par les suites de la trahison et de la tyrannie, étaient enterrés dans l'Argonne, dans tout l'empire, et dans Paris autour de vous ! Et cependant il faut bien encore qu'un peuple infortuné, qui brise ses fers et punit l'abus du pouvoir, se justifie de son courage et de sa vertu ! Ô vous aussi, qui paraissez les juges les plus austères de l'anarchie, vous ne ferez point dire de vous, sans doute, que votre rigueur était pour le peuple, et votre sensibilité pour les rois ! Il ne nous est plus permis de montrer de faiblesse : nous qui demandions l'exil des Bourbons, si l'on exile ceux qui sont innocents, combien ne devons-nous pas être inflexibles pour ceux qui sont coupables !

S'il était un ami de la tyrannie qui pût m'entendre, et qu'il trempât secrètement dans le dessein de nous opprimer, il trouverait peut-être encore le moyen d'intéresser la pitié ; peut-être trouverait-il l'art de peindre les ennemis des rois comme des sauvages sans humanité ; la postérité ne serait point oubliée pour toucher l'orgueil des représentants du peuple... Postérité ! Tu béniras tes pères ; tu sauras alors ce qu'il leur en aura coûté pour être libres ; leur sang coule aujourd'hui sur la poussière que doivent animer tes générations affranchies !

Tout ce qui porte un cœur sensible sur la terre respectera notre courage : quel peuple aura jamais fait de plus grands sacrifices à la liberté ! Quel peuple a été plus trahi ! Quel peuple a été moins vengé ! Que le roi même interroge son cœur ; comment a-t-il traité dans sa puissance ce peuple, qui n'est que juste et qui n'est que grand aujourd'hui ? [...]

Ce jour va décider de la République ; elle est morte, et c'en est fait, si le tyran reste impuni. Les ennemis du bien public reparaissent, ils se parlent, ils se réunissent, ils espèrent ; la tyrannie ramasse ses débris, comme un reptile renoue ses tronçons. Tous les méchants sont pour le roi : qui donc ici sera pour lui ? La pitié hypocrite est sur les lèvres des uns, la colère sur celles des autres ; tout est employé pour corrompre ou pour effrayer les cœurs.

Assurez-vous, dans un autre temps, la reconnaissance du peuple en vous montrant sévères. Soyez plus sensibles à son véritable intérêt qu'à de vaines considérations et de vaines clameurs, par lesquelles on veut, avec dextérité, intéresser votre respect pour ses droits, afin de les détruire et de le tromper. [...] La patrie est au milieu de vous, choisissez entre elle et le roi, entre l'exercice de la justice du peuple et l'exercice de votre faiblesse personnelle.

Balancez, si vous le voulez, l'exemple que vous devez à la terre, l'impulsion que vous devez à la liberté, la justice inaltérable que vous devez au peuple, par la pitié criminelle pour celui qui n'en eut jamais : dites à l'Europe, appelée en témoignage : « Sers tes rois contre nous, nous étions des rebelles » ; ayez le courage de prononcer la vérité ; car il semble qu'on craigne ici d'être sincère. La vérité brûle en silence dans tous les cœurs, comme une lampe ardente dans un tombeau. Mais s'il est quelqu'un que le sort de la République ne touche point, qu'il tombe aux pieds du tyran, et qu'il lui rende le couteau dont il immola vos concitoyens ; qu'il oublie tous ses crimes, et fasse dire au peuple qu'on nous a corrompus, et que nous avons été moins sensibles à son intérêt qu'au sort d'un assassin.

Pour tempérer votre jugement, on vous parlera des factions. Ainsi, la monarchie domine encore parmi nous, et les mœurs de la République sont comptées pour rien ; c'est au génie de la République, au législateur à les soumettre, ces factions. Ainsi, pour un pacte entre le crime et le peuple, le tyran garantirait la liberté, et l'on ferait reposer le destin de la patrie sur son impunité ! Cette faiblesse est indigne de vous. Ce n'est point sans peine qu'on obtient la liberté ; mais, dans la position où nous sommes, il ne s'agit pas de craindre, et nous saurons bien triompher ! Aucune considération ne peut arrêter le cours de la justice ; elle est compagne de la sagesse et de la victoire.

Je demande que chaque membre de la Convention paraisse successivement à la tribune, et prononce ces mots : « Louis est ou n'est pas convaincu. » Après, la peine ou l'absolution sera également décrétée à l'appel nominal. Ensuite, le président rédigera et prononcera le jugement.

Napoléon Bonaparte

« Adieux de Fontainebleau à la Vieille Garde »

20 avril 1814

Napoléon Bonaparte (1769-1821) est général de la Révolution française, puis connaît des victoires retentissantes en Italie et en Égypte. En 1799, il prend le pouvoir par le coup d'État du 18 Brumaire et devient Premier consul. En 1804, il est sacré empereur des Français, sous le nom de Napoléon Ier. Son règne amène une impressionnante œuvre de transformation du pays sous de multiples formes. Sa gloire impériale s'achève en 1815 avec la défaite de Waterloo. Napoléon est exilé sur l'île de Sainte-Hélène où il meurt.

En 1814, à l'issue de la campagne d'Allemagne et de la défaite de Leipzig, la France est envahie et vaincue. Napoléon Ier est contraint d'abdiquer et doit être exilé sur l'île d'Elbe dont il reçoit la dérisoire souveraineté, selon le traité de Fontainebleau du 11 avril. Il tente de se suicider par empoisonnement, en vain. Il fait ses adieux à la Vieille Garde le 20 avril alors que Louis XVIII est appelé à lui succéder.

Vieille Garde, je me sépare de vous, je vous fais mes adieux. Je vous ai toujours trouvés sur le chemin de la gloire ; vous n'avez jamais quitté le chemin de l'honneur. Je suis content de vous. J'ai fait vingt ans de guerres pour la France, pour le bonheur de cette chère patrie, mais toutes les puissances de l'Europe se sont armées contre moi : une partie de l'armée a trahi ses devoirs. La France elle-même a voulu de nouvelles destinées ;

avec vous et avec les braves qui me sont restés fidèles, j'aurais pu entretenir une guerre civile en France pendant trois ans, mais elle était malheureuse et contraire au but que je m'étais proposé.

Soyez fidèles au roi que la France s'est choisi. N'abandonnez pas cette chère patrie trop longtemps malheureuse.

Ne plaignez pas mon sort, je serai toujours heureux lorsque je saurai que vous l'êtes.

J'aurais pu mourir, rien ne m'était plus facile mais je suivrai toujours le chemin de l'honneur.

J'écrirai ce que nous avons fait.

Je ne puis vous embrasser tous, mais j'embrasse votre général.

Pour tous, venez ! général. [Il l'embrasse.] Qu'on m'apporte l'Aigle ! [Il l'embrasse aussi et dit :] Que ces baisers retentissent dans le cœur de tous les braves.

Abraham Lincoln

« Discours de Gettysburg »

19 novembre 1863

Abraham Lincoln (1809-1865) est avocat avant d'être élu président des États-Unis en 1860. Antiesclavagiste militant, ses deux mandats sont associés à la constitution de l'opposition des États confédérés d'Amérique et au déclenchement de la guerre de Sécession. Il proclame l'émancipation des esclaves et signe l'abolition de l'esclavage. Il est assassiné au début de son second mandat par un fanatique peu après la victoire nordiste du 14 avril 1865.

En 1863, les États-Unis sont au cœur de la guerre de Sécession. Le 3 juillet, c'est la victoire nordiste de Gettysburg, en Pennsylvanie, après un conflit de trois jours. Le 19 novembre de la même année, Abraham Lincoln inaugure le cimetière national situé sur le champ de cette bataille et prononce à cette occasion un de ses discours les plus connus. Au milieu de trous d'obus, de carcasses de chevaux et de cercueils pas encore enfouis, quinze mille personnes l'écoutent et l'applaudissent.

Il y a quatre-vingt-sept ans, nos pères ont donné naissance sur ce continent à une nouvelle nation élaborée dans la liberté et sur le principe que tous les hommes naissent égaux.

Aujourd'hui, nous sommes engagés dans une grande guerre civile mettant à l'épreuve pour notre nation, pour toute nation élaborée comme telle, la possibilité de durer. Nous sommes réunis ici sur un grand champ de bataille de cette guerre. Nous sommes venus ici pour consacrer une partie de cette terre comme dernière demeure à ceux qui ont donné leur vie afin que cette nation puisse vivre. Il était convenable et juste de faire cela.

Mais en un sens plus large, nous ne pouvons pas dédier, nous ne pouvons pas consacrer, nous ne pouvons pas sanctifier cette terre. Les hommes courageux qui ont lutté ici, qu'ils soient morts ou vivants, l'ont consacrée bien plus que notre faible pouvoir nous permet de les diminuer ou de les grandir. Le monde ne remarquera guère et ne se souviendra pas longtemps de ce que nous avons dit, mais il ne pourra jamais oublier ce qu'ils ont fait. C'est à nous, les vivants, qu'il incombe de nous vouer à l'œuvre inachevée que ces combattants ont si noblement amorcée. C'est à nous plutôt de nous consacrer à l'œuvre qui reste à accomplir ; que dans l'exemple de ces morts honorés nous puisions un dévouement accru ; que nous prenions ici hautement la résolution que ces morts ne sont pas morts vainement ; que cette nation, sous les yeux de Dieu, connaisse la renaissance de la liberté ; et que le gouvernement du peuple, par le peuple, pour le peuple, ne disparaisse jamais de la terre.

Traduction de Kevin LABIAUSSE

Victor Hugo

« Discours sur l'Afrique »

18 mai 1879

*Victor Hugo (1802-1885) est à la fois un écrivain, un homme politique, un académicien et un intellectuel engagé du XIX*e *siècle. Personnage complet et emblématique de son époque, il est considéré comme le plus important des écrivains romantiques de langue française. Son œuvre est très diverse par sa forme : romans (*Notre-Dame de Paris, Les Misérables*), poésie lyrique (*Les Châtiments, Les Contemplations*), drames en vers et en prose (*Hernani, Ruy Blas*), discours et correspondance.*

*Le 18 mai 1879, Victor Hugo célèbre l'abolition de l'esclavage à Paris, chez Bonvalet. C'est en présence de Victor Schœlcher, le père du décret de l'abolition, de sénateurs, de députés et d'artistes, que l'auteur prononce un discours sur la colonisation et sur son utilité. Hugo se montre sensible à l'œuvre civilisatrice amorcée dans les colonies africaines et délivre un message aux puissances en les incitant à valoriser les richesses de l'Afrique afin de faire de ce continent une terre développée. Bien sûr, on ne lit plus aujourd'hui le discours d'Hugo de la même façon que les convives du banquet et la société européenne du XIX*e *siècle l'entendent ce 18 mai 1879.*

Le moment est venu de donner au vieux monde cet avertissement : il faut être un nouveau monde. Le moment est venu de faire remarquer à l'Europe qu'elle a à côté d'elle l'Afrique. Le moment est venu de dire aux quatre nations d'où sort l'histoire moderne, la Grèce, l'Italie, l'Espagne, la France, qu'elles sont toujours là, que leur mission s'est modifiée sans se transformer, qu'elles ont toujours la même situation responsable et souveraine au bord de la Méditerranée, et que, si on leur ajoute un cinquième peuple, celui qui a été entrevu par Virgile, et qui s'est montré digne de ce grand regard, l'Angleterre, on a, à peu près, tout l'effort de l'antique genre humain vers le travail, qui est le progrès, et vers l'unité, qui est la vie. La Méditerranée est un lac de civilisation ; ce n'est, certes, pas pour rien que la Méditerranée a sur l'un de ses bords le vieil univers et sur l'autre l'univers ignoré, c'est-à-dire d'un côté toute la civilisation, et de l'autre toute la barbarie.

Le moment est venu de dire à ce groupe illustre de nations : Unissez-vous ! Allez au Sud. Est-ce que vous ne voyez pas le barrage ? Il est là, devant vous, ce bloc de sable et de cendre, ce monceau inerte et passif qui depuis six mille ans fait obstacle à la marche universelle. Ce monstrueux Cham qui arrête Sem par son énormité, l'Afrique.

Quelle terre que cette Afrique ! L'Asie a son histoire, l'Amérique a son histoire, l'Australie elle-même a son histoire, qui date de son commencement dans la mémoire humaine ; l'Afrique n'a pas d'histoire ; une sorte de légende vaste et obscure l'enveloppe. Rome l'a touchée pour la supprimer ; et, quand elle se crut délivrée de l'Afrique, Rome a jeté sur cette morte immense une de ces épithètes qui ne se traduisent pas : *Africa portentosa*. C'est plus et moins que le prodige. C'est ce qui est absolu dans l'horreur. Le flamboiement tropical en effet, c'est l'Afrique. Il semble que voir l'Afrique, ce soit être aveuglé. Un excès de soleil est un excès de nuit.

Eh bien, cet effroi va disparaître.

Déjà les deux peuples colonisateurs, qui sont deux grands peuples libres, la France et l'Angleterre, ont saisi l'Afrique ; la France la tient par l'ouest et par le nord, l'Angleterre la tient par l'est et par le midi. Voici que l'Italie accepte sa part de ce travail colossal. L'Amérique joint ses efforts aux nôtres ; car l'unité des peuples se révèle en tout ; l'Afrique importe à l'univers ; une telle suppression de mouvement et de circulation entrave la vie universelle, et la marche humaine ne peut s'accommoder plus longtemps d'un cinquième du globe paralysé. Les hardis pionniers se sont risqués, et, dès leurs premiers pas, ce sol étrange est apparu réel ; ces paysages lunaires deviennent des paysages terrestres ; la France est prête à y apporter une mer ; cette Afrique farouche n'a que deux aspects : peuplée, c'est la barbarie, déserte, c'est la sauvagerie, mais elle ne se dérobe plus ; les lieux réputés inhabitables sont des climats possibles ; on trouve partout des fleuves navigables ; des forêts se dressent, de vastes branchages encombrent çà et là l'horizon ; quelle sera l'attitude de la civilisation devant cette faune et cette flore inconnues ? Des lacs sont aperçus : qui sait ? peut-être cette mer Nagaïn dont parle la Bible. De gigantesques appareils hydrauliques sont préparés par la nature et attendent l'homme ; on voit les points où germeront des villes ; on devine les communications ; des chaînes de montagnes se dessinent ; des cols, des passages, des détroits sont praticables ; cet univers qui effrayait les Romains attire les Français. [...]

Allez, Peuples ! emparez-vous de cette terre. Prenez-la. À qui ? à personne ! Prenez cette terre à Dieu. Dieu donne la terre aux hommes, Dieu offre l'Afrique à l'Europe. Prenez-la. Où les rois apporteraient la guerre, apportez la concorde. Prenez-la, non pour le canon, mais pour la charrue ; non pour le sabre, mais pour le commerce ; non pour la bataille, mais pour l'industrie ; non pour la conquête, mais pour la fraternité. Versez votre trop-plein dans cette Afrique, et du même coup résolvez vos questions sociales, changez vos prolétaires en propriétaires ; allez, faites ! faites des routes, faites des ports, faites des villes ; croissez, cultivez, colonisez, multipliez ; et que, sur cette terre, de plus en plus dégagée des prêtres et des princes, l'Esprit divin s'affirme par la paix et l'Esprit humain par la liberté !

Pierre de Coubertin

« Le manifeste olympique »

25 novembre 1892

Pierre de Coubertin (1863-1937) est issu d'une famille aristocratique. Après sa visite des universités britanniques et américaines dont il retient la place qu'elles accordent au sport dans la formation et le développement de l'esprit, il tente de reproduire ses observations en France en promouvant l'athlétisme. C'est dans la rénovation des jeux Olympiques, à Athènes en 1896, qu'il accède à la concrétisation de ses conceptions.

Au soir du 25 novembre 1892, Pierre de Coubertin prend la parole dans le grand amphithéâtre de la Sorbonne, à l'occasion du cinquième anniversaire de l'Union des sociétés françaises de sports athlétiques. Pour la première fois, il fait mention de son vœu du rétablissement des jeux Olympiques. Il faut attendre deux ans pour assister à l'acte de fondation du Comité international olympique, puis deux autres années pour que s'organisent à Athènes les premiers jeux Olympiques de l'ère moderne.

L'Union a de grands devoirs à remplir tant envers l'Université qu'envers ses propres adhérents : elle n'y faillira pas.

Quant à l'athlétisme en général, j'ignore quelles seront ses destinées, mais je veux attirer votre attention sur ce fait important qu'il présente deux caractères nouveaux cette fois dans la série de ces transformations séculaires. Il est démocratique et international. Le premier de ces caractères assure son avenir : en dehors de ce qui est démocratique, il n'y a plus rien de viable à présent. Quant au second, il ouvre devant nous des perspectives inattendues. Il y a des gens que vous traitez d'utopistes lorsqu'ils vous parlent de la disparition de la guerre et vous n'avez pas tout à fait tort mais il y en a d'autres qui croient à la diminution progressive des chances de la guerre et je ne vois pas là d'utopie. Il est évident que le télégraphe, les chemins de fer, le téléphone, la recherche passionnée de la science, les congrès, les expositions ont fait plus pour la paix que tous les traités et toutes les conventions diplomatiques. Eh bien j'ai l'espoir que l'athlétisme fera plus encore : ceux qui ont vu trente mille personnes courir sous la pluie pour assister à un match de football ne trouveront pas que j'exagère. Exportons des rameurs, des coureurs, des escrimeurs ; voilà le libre-échange de l'avenir et le jour où il sera introduit dans les mœurs de la vieille Europe, la cause de la paix aura reçu un nouvel et puissant appui.

Cela suffit pour encourager votre serviteur à songer maintenant à la seconde partie de son programme ; il espère que vous l'y aiderez comme vous l'avez aidé jusqu'ici et qu'avec vous, il pourra poursuivre et réaliser une base conforme aux conditions de la vie moderne, cette œuvre grandiose et bienfaisante : le rétablissement des jeux Olympiques.

Gandhi

« Discours de Bénarès »

4 février 1916

Mohandas Karamchand Gandhi (1869-1948) est considéré comme un apôtre national et religieux de l'Inde. C'est en tant que jeune avocat, en Afrique du Sud, qu'il amorce son combat contre les discriminations raciales envers les Indiens. De retour en Inde, il s'engage, en tant que leader du mouvement national, dans la lutte contre l'occupation britannique. Il se consacre à l'éducation du peuple et devient un médiateur incontournable pour calmer les violences entre les habitants. Témoin de l'accès à l'indépendance de son pays en 1947, il est assassiné par un extrémiste hindou un an plus tard.

En 1916, à peine rentré de son séjour en Afrique du Sud, Gandhi veut libérer son pays de la tutelle impériale anglaise. C'est à l'occasion de l'inauguration de l'Université hindoue de Bénarès, fondée par Annie Besant, qu'il prononce un discours militant et provocateur au regard du parterre composé, entre autres, du vice-roi et de maharadjahs. Si ses propos se préciseront au fil des ans, on trouve dans ses paroles de Bénarès deux thèmes qu'il développera toute sa vie : l'indépendance et la non-violence.

Il est profondément humiliant et honteux pour nous que je sois ce soir, dans l'enceinte de cette grande université, dans cette ville sacrée, obligé de m'adresser à mes concitoyens dans une langue qui m'est étrangère. Si on me nommait examinateur, et qu'on me chargeait de noter ceux qui ont participé à ces deux jours de conférences, la plupart d'entre eux échoueraient à cet examen. Pour quelle raison ? Parce qu'ils n'ont pas été touchés.

J'étais présent lors des sessions du grand Congrès au mois de décembre. L'assistance était bien plus nombreuse, et me croirez-vous si je vous dis que les seuls discours ayant vraiment touché cette foule immense étaient en hindoustani ? À Bombay, pas à Bénarès où tout le monde parle hindi. Mais la différence entre la langue que parle la présidence et l'hindi est bien moindre, comparée à la distance qui sépare l'anglais de sa langue sœur indienne ; et l'assistance du Congrès comprenait bien mieux les discours en hindi.

J'espère que cette université fera en sorte que ses jeunes étudiants puissent suivre leurs cours dans leur propre dialecte. Nos langues reflètent ce que nous sommes, et si vous me dites qu'elles ne sont pas assez riches pour exprimer au mieux notre pensée, alors considérez que le plus vite notre civilisation disparaîtra, le mieux ce sera pour tout le monde. [...]

Plus de 75 % de la population est composée d'agriculteurs, et M. Higginbotham nous a dit hier soir, dans la beauté de sa langue, que ce sont des hommes capables de faire pousser deux plants d'herbe au lieu d'un.

Mais nous ne pourrons jamais nous gouverner seuls si nous leur ôtons, ou si nous laissons d'autres leur ôter, le fruit de leur labeur.

Notre salut ne pourra venir que de l'agriculteur. Ni les avocats, ni les docteurs, ni les riches propriétaires ne nous l'assureront.

Enfin, et surtout, il est de mon devoir impérieux de faire allusion à ce à quoi nous avons tous pensé ces deux ou trois derniers jours : nous nous sommes tous inquiétés en voyant le vice-roi marcher dans les rues de Bénarès. Des policiers étaient postés à chaque coin de rue. Nous étions horrifiés. Nous nous demandions : « Pourquoi ce manque de confiance ? » Ne serait-il pas mieux, même pour lord Hardinge lui-même, de mourir que de vivre un tel calvaire ?

Mais le représentant d'un majestueux souverain n'a pas cette chance. Peut-être pense-t-il nécessaire de nous imposer tous ces policiers ? Nous pouvons enrager, nous pouvons geindre, nous pouvons être indignés, mais n'oublions pas que l'impatience de l'Inde d'aujourd'hui a mis sur pied une armée d'anarchistes. Je suis moi-même un anarchiste, mais d'un autre genre.

Mais il y a parmi nous une certaine classe d'anarchistes, et si je parvenais à me faire entendre de cette classe, je leur dirais que leur forme d'anarchisme n'a pas sa place en Inde, si l'Inde veut être conquérante. C'est un signe de peur. Si nous croyons en Dieu, si nous le craignons, nous n'aurons à craindre personne d'autre, ni les maharadjahs, ni les vice-rois, ni la police, pas même le roi George.

Je respecte l'anarchiste pour son amour du pays. Je le respecte pour le courage dont il fait preuve en étant prêt à mourir pour sa patrie. Mais je veux lui demander : est-il respectable de tuer ? La lame d'un assassin annonce-t-elle une mort respectable ? Je ne peux l'admettre. Aucune Écriture n'encourage de telles méthodes.

Si je pensais le retrait des Anglais nécessaire au salut de l'Inde, alors je les chasserais, je n'hésiterais pas à déclarer qu'ils doivent s'en aller, et j'espère que je serais prêt à mourir pour cette cause. Cela, à mon avis, serait une mort respectable.

Le terroriste fomente des plans d'action, il a peur de se montrer ; et quand il est capturé, il paie le prix de son zèle mal dirigé. [...]

Je parlais l'autre jour à l'un des membres de cette administration tant critiquée. Je n'ai pas beaucoup de points communs avec ces gens-là, mais je n'ai pu qu'admirer la manière dont il m'a parlé. Il m'a dit : « Monsieur Gandhi, pensez-vous un seul instant que nous tous, dans la fonction publique, sommes mauvais ? Que nous souhaitons opprimer le peuple que nous sommes venus gouverner ? — Non, lui ai-je répondu. — Alors si vous en avez l'occasion, glissez un mot sur les membres tant critiqués de la fonction publique. »

Et je suis ici pour glisser ce mot. Oui, un grand nombre des membres de l'administration indienne sont ouvertement dominateurs ; ils sont parfois tyranniques, et nous manquent de respect. Beaucoup d'autres critiques pourraient être émises. Tout cela, je le reconnais, tout comme je reconnais qu'après un certain nombre d'années passées en Inde certains en sortent quelque peu avilis.

Mais qu'est-ce que cela signifie ? Ils étaient irréprochables à leur arrivée, mais s'ils ont perdu certaines valeurs morales, nous n'y sommes pas pour rien.

Pensez-y : si un homme, bon hier, devient mauvais à mon contact, qui, de lui ou de moi, est responsable de son avilissement ?

L'ambiance de flagornerie et de mensonge qui entoure leur arrivée en Inde les démoralise, comme elle le ferait pour la plupart d'entre nous. Il est bon parfois de prendre la faute sur soi.

Si nous souhaitons nous voir accorder le droit de nous diriger seuls, nous devons prendre nous-mêmes ce droit. On ne nous donnera jamais le pouvoir de le faire. Prenez l'exemple de l'histoire de l'Empire britannique : il est épris de liberté, mais ne l'accordera pas à un peuple qui refuse de s'en emparer.

Retenons la leçon de la guerre des Boers : ceux qui, il y a quelques années à peine, furent les ennemis de l'Empire sont désormais devenus ses amis.

Traduction de Benjamin KUNTZER

Adolf Hitler

« Discours aux Jeunesses hitlériennes »

Septembre 1934

Adolf Hitler (1889-1945) fonde le Parti ouvrier allemand national-socialiste (NSDAP) en 1921. Il tente en 1923 à Munich un putsch qui échoue. Emprisonné, il rédige Mein Kampf, *un ouvrage dans lequel il développe la doctrine nazie. Il accède en 1933 au poste de chancelier. À la mort de Hindenburg, il devient président et assume tous les pouvoirs. Sa politique d'expansion provoque la Seconde Guerre mondiale. Vaincu, Hitler se suicide à Berlin en 1945.*

Du 4 au 10 septembre 1934 se tient le congrès national-socialiste à Nuremberg. C'est l'occasion pour Hitler de faire une démonstration de sa puissance par de gigantesques rassemblements et de renforcer sa propagande par des discours. L'événement est immortalisé par les caméras de Leni Riefenstahl, la cinéaste officielle du IIIe Reich, et projeté l'année suivante sous le titre Le Triomphe de la volonté. *Parmi les discours filmés, il est à distinguer celui prononcé par Hitler aux Jeunesses hitlériennes. Il révèle la pratique du contrôle des esprits et la suprématie de l'Allemagne telle que l'envisage le Führer.*

Ma jeunesse allemande. Après un an, je peux à nouveau vous saluer ici. Aujourd'hui, réunis sur cette plaine, vous représentez à l'étranger ce qui existe en Allemagne. Et nous souhaitons que vous, jeunes Allemands et Allemandes, assumiez nos espoirs pour l'Allemagne. Nous voulons être un peuple. Et vous, ma jeunesse, devez devenir ce peuple. Nous ne voulons plus de castes ou de rangs. Vous devez empêcher ces idées de se développer en vous. Nous voulons un jour voir un Reich. Et vous devez vous y préparer. Nous voulons un peuple obéissant. Et vous devez apprendre l'obéissance. Nous voulons que ce peuple soit pacifique, mais aussi courageux. Et vous devez être pacifiques. Vous devez être pacifiques et courageux à la fois.

Nous ne voulons pas que ce peuple s'affaiblisse, mais qu'il soit fort, et pour cela, vous devez vous endurcir, jeunes. Vous devez apprendre à endurer des privations, sans jamais vous laisser abattre. Et quoi que nous créions aujourd'hui, quoi que nous fassions, nous mourrons tous, mais l'Allemagne vivra en vous. Et quand il ne restera rien de nous, vous devrez tenir le drapeau que nous avons créé à partir de rien, fermement dans vos poings.

Et je sais qu'il ne pourrait en être autrement. Car vous êtes la chair de notre chair et le sang de notre sang. Et dans vos jeunes consciences brûle le même esprit qui nous a guidés. Vous ne pouvez qu'être liés à nous. Et aujourd'hui, quand les grandes colonnes de notre mouvement défilent triomphantes en Allemagne, alors je sais que vous vous y joindrez.

L'Allemagne est devant nous, l'Allemagne marche avec nous et l'Allemagne est derrière nous.

Traduction d'après le film de Leni Riefenstahl,
Le Triomphe de la volonté, 1935

Charles de Gaulle

« Appel à la résistance »

18 juin 1940

Charles de Gaulle (1890-1970) commence sa carrière militaire en 1912 et combat lors de la Première Guerre mondiale. Admis à l'École supérieure de guerre en 1922, il défend des théories stratégiques nouvelles qui ne sont pas suivies. À l'arrivée de l'armée allemande en France en juin 1940, il s'oppose à la position défaitiste de son état-major et rallie Londres. Paris libéré en 1944, il défile victorieux sur les Champs-Élysées et tente d'organiser la vie politique française de l'après-guerre. Il est le fondateur de la Ve République dont il devient le premier président de 1959 à 1969.

En mai et juin 1940, de Gaulle mène avec succès des opérations militaires contre l'avancée des Allemands en France. Nommé général, il devient sous-secrétaire d'État à la guerre et à la Défense nationale. Rapidement évincé du gouvernement par l'arrivée du maréchal Pétain à la tête du pays, il rejoint Londres afin de parler au peuple français via Radio Londres *sur la BBC. Son appel à la résistance demeure l'une des plus célèbres allocutions de l'histoire de France. Il répond au discours de Pétain radiodiffusé la veille et qui annonce l'armistice. Son appel est néanmoins peu entendu ce jour-là mais il est relayé par la presse et les speakers. Un autre appel, sur le même thème, est enregistré et lancé le 22 juin. Général rebelle, de Gaulle est rétrogradé et mis à la retraite par le gouvernement du maréchal Pétain, puis condamné à mort par contumace.*

Le 18 juin 2005, l'appel a été classé par l'UNESCO sur le registre de la Mémoire du monde.

Les chefs qui, depuis de nombreuses années, sont à la tête des armées françaises, ont formé un gouvernement. Ce gouvernement, alléguant la défaite de nos armées, s'est mis en rapport avec l'ennemi pour cesser le combat.

Certes, nous avons été, nous sommes, submergés par la force mécanique, terrestre et aérienne, de l'ennemi.

Infiniment plus que leur nombre, ce sont les chars, les avions, la tactique des Allemands qui nous font reculer. Ce sont les chars, les avions, la tactique des Allemands qui ont surpris nos chefs au point de les amener là où ils en sont aujourd'hui.

Mais le dernier mot est-il dit ? L'espérance doit-elle disparaître ? La défaite est-elle définitive ? Non !

Croyez-moi, moi qui vous parle en connaissance de cause et vous dis que rien n'est perdu pour la France. Les mêmes moyens qui nous ont vaincus peuvent faire venir un jour la victoire.

Car la France n'est pas seule ! Elle n'est pas seule ! Elle n'est pas seule ! Elle a un vaste Empire derrière elle. Elle peut faire bloc avec l'Empire britannique qui tient la mer et continue la lutte. Elle peut, comme l'Angleterre, utiliser sans limites l'immense industrie des États-Unis.

Cette guerre n'est pas limitée au territoire malheureux de notre pays. Cette guerre n'est pas tranchée par la bataille de France. Cette guerre est une guerre mondiale. Toutes les fautes, tous les retards, toutes les souffrances n'empêchent pas qu'il y a, dans l'univers, tous les moyens nécessaires pour écraser un jour nos ennemis. Foudroyés aujourd'hui par la force mécanique, nous pourrons vaincre dans l'avenir par une force mécanique supérieure. Le destin du monde est là.

Moi, général de Gaulle, actuellement à Londres, j'invite les officiers et les soldats français qui se trouvent en territoire britannique ou qui viendraient à s'y trouver, avec leurs armes ou sans leurs armes, j'invite les ingénieurs et les ouvriers spécialistes des industries d'armement qui se trouvent en territoire britannique ou qui viendraient à s'y trouver, à se mettre en rapport avec moi.

Quoi qu'il arrive, la flamme de la résistance française ne doit pas s'éteindre et ne s'éteindra pas.

Demain, comme aujourd'hui, je parlerai à la radio de Londres.

Winston Churchill

« Discours de Fulton »

5 mars 1946

Winston Churchill (1874-1965) est député conservateur britannique puis plusieurs fois ministre. Il devient Premier lord de l'Amirauté (1911-1915) avant d'être nommé Premier ministre à deux reprises (1940-1945 et 1951-1955). Leader du parti conservateur, il est connu pour être à la fois le grand animateur de l'effort de guerre anglais contre l'avancée nazie et l'un des protagonistes de la victoire alliée sur l'Axe. Il reçoit le prix Nobel de littérature en 1953.

Le 5 mars 1946, Winston Churchill se rend au Westminster College de Fulton, aux États-Unis (Missouri), pour une conférence sur la situation géopolitique internationale. Présenté par le président Truman, Churchill expose un monde bipolaire qui annonce déjà la guerre froide. Il utilise dans son discours une expression inédite qui deviendra une référence pour évoquer la frontière entre les blocs américain et soviétique : le « rideau de fer ».

Les États-Unis sont actuellement au sommet de la puissance mondiale. C'est un moment solennel pour la démocratie américaine. Car la primauté en matière de puissance s'accompagne également d'une responsabilité pour l'avenir. [...] Il est nécessaire que la fermeté d'esprit, la persistance de l'intention et la grande simplicité de décision guident et régissent la conduite des anglophones dans la paix comme elles l'ont fait durant la guerre. Nous devons, et j'ai la conviction que nous le ferons, nous montrer à la hauteur de cette importante exigence. [...]

Quel est alors le concept stratégique global dans lequel nous devons nous engager aujourd'hui ? Ce n'est rien de moins que la sécurité et le bien-être, la liberté et le progrès, pour tous les foyers et toutes les familles, pour tous les hommes et toutes les femmes, dans tous les pays. [...]

Pour offrir la sécurité à ces innombrables foyers, il faut les protéger contre les deux affreux maraudeurs que sont la guerre et la tyrannie. Nous connaissons tous les effroyables bouleversements dans lesquels une famille ordinaire est plongée quand la malédiction de la guerre frappe le père de famille et ceux pour qui il travaille et peine. La terrible destruction de l'Europe, avec toutes ses gloires anéanties, et de grandes parties de l'Asie nous saute aux yeux. Quand les desseins d'hommes fous ou les envies agressives d'États puissants brisent sur de larges étendues le cadre de la société civilisée, les gens humbles doivent faire face à des difficultés contre lesquelles ils ne peuvent pas lutter. Pour eux, tout est déformé, tout est cassé, et même réduit en bouillie. [...]

Une organisation mondiale a déjà été créée dont la mission principale est de prévenir toute guerre. L'ONU, l'héritière de la Société des Nations, avec l'adhésion déterminante des États-Unis et de ce que cela implique, a déjà commencé à travailler. Nous devons nous assurer que son travail porte ses fruits, qu'elle constitue une réalité et non une farce, qu'elle constitue une force pour l'action et non un amas de paroles creuses, qu'elle constitue un vrai temple de la paix dans lequel les boucliers de beaucoup de nations pourront être suspendus et non un poste de contrôle dans une tour de Babel. [...]

À ce sujet, je tiens à faire une proposition d'action précise et concrète. [...] L'Organisation des Nations unies doit être immédiatement équipée d'une force armée internationale. [...]

Nous ne pouvons pas fermer les yeux devant le fait que les libertés dont jouit chaque citoyen à travers l'Empire britannique n'existent pas dans un nombre considérable de pays, dont certains sont très puissants. Dans ces États, un contrôle est imposé aux gens ordinaires par différentes sortes d'administrations policières toutes-puissantes. Le pouvoir de l'État est exercé sans restriction, soit par des dictateurs, soit par des oligarchies compactes qui agissent par l'intermédiaire d'un parti privilégié et d'une police politique. Il n'est pas de notre devoir, à un moment où les difficultés sont si nombreuses, d'intervenir par la force dans les affaires intérieures de pays que nous n'avons pas conquis pendant la guerre. Mais nous ne devons jamais cesser de proclamer sans peur les grands principes de la liberté et des droits de l'homme qui sont l'héritage commun du monde anglophone et qui, en passant par la Grande Charte, la Déclaration des droits, l'Habeas Corpus, les jugements d'un jury et le droit civil anglais, trouvent leur plus célèbre expression dans la Déclaration d'indépendance américaine.

Tout cela signifie que les populations de n'importe quel pays ont le droit, et devraient avoir la possibilité, par une action constitutionnelle, par des élections libres et sans entraves, au scrutin secret, de choisir ou de changer le caractère ou la forme du gouvernement sous lequel elles vivent ; que la liberté de parole et de pensée devrait régner ; que les tribunaux, indépendants du pouvoir exécutif, impartiaux, devraient appliquer les lois qui ont reçu l'assentiment massif de larges majorités ou qui ont été consacrées par le temps et par l'usage. [...]

Une ombre est tombée sur les scènes récemment illuminées par la victoire des Alliés. Personne ne sait ce que la Russie soviétique et son organisation communiste internationale ont l'intention de faire dans l'avenir immédiat, ni quelles sont les limites, s'il en existe, de leurs tendances expansionnistes et prosélytes. J'éprouve une profonde admiration et un grand respect pour le vaillant peuple russe et pour mon camarade de guerre, le maréchal Staline. [...] Nous comprenons que la Russie a besoin d'être en sécurité le long de ses frontières occidentales en éliminant toute possibilité d'une agression allemande. Nous accueillons la Russie à sa place légitime au milieu des nations dirigeantes du monde. Nous accueillons son pavillon sur les mers. Par-dessus tout, nous nous félicitons des contacts fréquents et croissants entre le peuple russe et nos propres populations de part et d'autre de l'Atlantique. Néanmoins, il est de mon devoir, car je suis sûr que vous souhaitez que je vous expose les faits tels que je les vois, d'en exposer devant vous certains sur la situation présente en Europe.

De Stettin dans la Baltique à Trieste dans l'Adriatique, un rideau de fer est descendu à travers le continent. Derrière cette ligne se trouvent toutes les capitales des anciens États de l'Europe centrale et orientale. Varsovie, Berlin, Prague, Vienne, Budapest, Belgrade, Bucarest et Sofia, toutes ces villes célèbres et les populations qui les entourent se trouvent dans ce que je dois appeler la sphère soviétique, et toutes sont soumises, sous une forme ou sous une autre, non seulement à l'influence soviétique, mais aussi à un degré très élevé et, dans beaucoup de cas, à un degré croissant, au contrôle de Moscou. [...] Les partis communistes, qui étaient très faibles dans tous ces états de l'Est européen, se sont vus élevés à une prédominance et à un pouvoir bien au-delà de leur importance numérique et cherchent partout à accéder à un contrôle totalitaire. Des gouvernements policiers dominent dans presque tous les cas et, jusqu'à présent, à l'exception de la Tchécoslovaquie, il n'y a pas de vraie démocratie. [...]

Si, maintenant, le gouvernement soviétique tente, par une action séparée, de construire une Allemagne procommuniste dans les régions qu'il contrôle, cela va provoquer de nouvelles difficultés sérieuses dans les zones britannique et américaine, et va donner aux Allemands vaincus le pouvoir de se mettre eux-mêmes aux enchères entre les Soviétiques et les démocraties occidentales. Quelles que soient les conclusions que l'on peut tirer de ces faits – car les faits sont là – ce n'est certainement pas là l'Europe libérée pour la construction de laquelle nous avons combattu. Ce n'est pas non plus une Europe qui présente les caractéristiques essentielles d'une paix durable.

La sécurité du monde exige une nouvelle unité en Europe, dont aucune nation ne doit être exclue à titre définitif. [...]

D'un autre côté, je repousse l'idée qu'une nouvelle guerre est inévitable, encore plus qu'elle est imminente. C'est parce que je suis sûr que notre destin est toujours entre nos mains et que nous détenons le pouvoir de sauver l'avenir, que j'estime qu'il est de mon devoir de parler maintenant que j'ai l'occasion et l'opportunité de le faire. Je ne crois pas que la Russie soviétique désire la guerre. Ce qu'elle désire, ce sont les fruits de la guerre et une expansion indéfinie de sa puissance et de ses doctrines. Mais ce que nous devons considérer ici aujourd'hui, pendant qu'il en est encore temps, c'est la prévention permanente de la guerre et l'établissement de conditions de paix et de démocratie aussi rapidement que possible dans tous les pays. [...]

Voilà la solution que je vous offre respectueusement dans ce discours auquel j'ai donné le titre « Le nerf de la paix ».

Traduction de Kevin LABIAUSSE

Fidel Castro

« Plaidoirie à son procès »

16 octobre 1953

Fidel Castro (1926) s'engage dans la lutte contre le président cubain Batista. Exilé, il revient à Cuba en 1956 et organise une guérilla qui aboutit à sa prise du pouvoir en 1959. Premier ministre, puis chef de l'État de l'île, Castro, longtemps soutenu militairement et économiquement par l'URSS, se pose en porte-parole du tiers-monde.

Le 16 juillet 1953, Fidel Castro, alors président de la Fédération des étudiants cubains, attaque, avec l'aide d'un groupe de cent cinquante guérilleros, la caserne de La Moncada à Santiago. Son action est mal préparée et les insurgés sont tués ou faits prisonniers. Rescapé, Castro évite la répression implacable du pouvoir et se retrouve devant le tribunal d'urgence de Santiago. Le 16 octobre, il assure sa défense dans un long discours où défilent déjà les bases de son futur programme politique.

Messieurs les magistrats,

Jamais un avocat n'a eu à exercer son métier dans des conditions aussi difficiles ; jamais n'a-t-on commis contre un accusé autant d'irrégularités accablantes. L'un et l'autre sont ici le même individu. En tant qu'avocat, il n'a même pas pu voir l'instruction, et en tant qu'accusé, cela fait aujourd'hui soixante-dix-sept jours qu'il est enfermé dans une cellule solitaire, en isolation totale, en dépit de toutes les prescriptions humaines et légales. [...]

Un principe élémentaire du droit pénal veut que le fait imputé corresponde exactement au type de crime prévu par la loi. S'il n'y a pas de loi exactement applicable au point controversé, il n'y a pas de crime.

L'article dont il est question dit textuellement : « L'auteur d'une action destinée à provoquer un soulèvement armé contre les pouvoirs constitutionnels de l'État sera condamné à une peine d'emprisonnement de trois à dix ans. La peine sera portée à cinq à vingt ans si l'insurrection prend place. »

Dans quel pays vit Monsieur le Procureur ? Qui lui a dit que nous avons encouragé la révolte contre les pouvoirs constitutionnels de l'État ? Deux choses sautent aux yeux.

En premier lieu, la dictature qui opprime notre nation n'est pas un pouvoir constitutionnel mais anticonstitutionnel ; elle fut mise en place contre la Constitution, malgré la Constitution, en violation de la Constitution légitime de la République. Une Constitution n'est légitime que lorsqu'elle émane directement du peuple souverain. [...]

En second lieu, l'article parle de pouvoirs au pluriel et non au singulier, comme dans le cas d'une république régie par un pouvoir législatif, un pouvoir exécutif et un pouvoir judiciaire qui s'équilibrent et se contrebalancent. Or, nous avons appelé à la rébellion contre un pouvoir unique, illégitime, qui a usurpé et réuni en un seul les pouvoirs exécutif et législatif de la nation, détruisant le système dont le rôle était précisément de protéger l'article du Code que nous sommes en train d'analyser. Quant à l'indépendance du pouvoir judiciaire après le 10 mars, je n'en parle même pas, car je ne suis pas d'humeur à plaisanter... [...]

Lorsque nous parlons de lutte, ceux que nous appelons le peuple sont :

– les six cent mille Cubains dépourvus de travail qui voudraient gagner leur pain de manière honorable sans devoir émigrer pour survivre ;

– les cinq cent mille ouvriers agricoles qui habitent dans des cabanes misérables, travaillent quatre mois par an et ont faim le reste du temps, n'ayant que la misère à partager avec leurs enfants, ne possédant pas un pouce de terre à cultiver et dont l'existence susciterait la compassion s'il n'y avait tant de cœurs de pierre ;

– les quatre cent mille ouvriers industriels et manœuvres dont les retraites sont toujours escroquées, dont les conquêtes sont arrachées, dont les logements sont d'infernaux taudis surpeuplés, dont la paye passe de la main du patron à celle de l'usurier, dont le futur est la baisse de salaire et le licenciement, dont la vie est le travail perpétuel et dont le repos est la tombe ;

– les cent mille petits agriculteurs qui vivent et meurent en travaillant une terre qui ne leur appartient pas, la contemplant toujours tristement comme Moïse contemplait la Terre promise, mourant sans réussir à la posséder, obligés comme des serfs du Moyen Âge de donner une partie de leur récolte en échange de leur parcelle, ne pouvant ni l'aimer, ni l'améliorer, ni même l'embellir en plantant un cèdre ou un oranger, car ils ignorent quand arrivera l'huissier accompagné de gendarmes qui leur dira de s'en aller ;

– les trente mille instituteurs et professeurs pleins d'abnégation et d'esprit de sacrifice, si nécessaires pour améliorer le destin des générations futures, et que l'on traite et que l'on paie si mal ;

– les vingt mille petits commerçants écrasés sous les dettes, ruinés par la crise et achevés par une plaie de fonctionnaires malhonnêtes et vénaux ;

– les dix mille jeunes de professions libérales, médecins, ingénieurs, avocats, vétérinaires, pédagogues, dentistes, pharmaciens, journalistes, peintres, sculpteurs, etc., sortant de l'université avec leurs diplômes, prêts à se battre et plein d'espoirs, pour se retrouver dans une impasse devant des portes fermées sourdes à leurs clameurs et à leurs supplications.

À lui, à ce peuple dont les routes pleines d'angoisses sont pavées de tromperies et de fausses promesses, nous n'allions pas dire : « Nous te donnerons un jour », mais :

« Tiens, prends, et lutte de toutes tes forces pour conquérir la liberté et le bonheur ! »

Dans l'instruction de ce procès doivent figurer les cinq lois révolutionnaires qui auraient été proclamées immédiatement après la prise de la caserne Moncada et divulguées par radio à la Nation. Il est possible que le colonel Chaviano ait intentionnellement détruit ces documents, mais même s'il les a détruits, je les garde en mémoire. [...]

Je sais que la prison sera plus dure pour moi qu'elle ne l'a jamais été pour quiconque, remplie de menaces et de persécutions viles et lâches ; mais je ne la crains pas, pas plus que je ne crains la fureur du misérable tyran qui a arraché la vie à soixante-dix de mes frères. Condamnez-moi, cela n'a pas d'importance. L'Histoire m'acquittera.

Traduction de Faustina FIORE

John F. Kennedy

« Discours de Berlin-Ouest »

26 juin 1963

John Fitzgerald Kennedy (1917-1963) est issu d'une famille aisée catholique d'origine irlandaise. Il devient député démocrate puis sénateur du Massachusetts. Il est élu aux élections présidentielles de 1960 et devient ainsi le plus jeune président des États-Unis. Sa volonté de réformer la société l'engage dans des combats en faveur des minorités et lui vaut une grande popularité. Il est assassiné à Dallas le 22 novembre 1963.

Au début des années 1960, la communauté internationale est au cœur de la guerre froide. En 1961, le mur de Berlin est construit sous les yeux de ses habitants et résume un monde divisé en deux blocs politiquement opposés. Un an plus tard, la crise des missiles de Cuba maintient un conflit fait de menaces et d'inquiétudes permanentes. En juin 1963, John F. Kennedy décide de se rendre à Berlin-Ouest afin de réaffirmer sa fidélité à un territoire entouré par une présence soviétique pesante. Il profite de cette occasion pour prononcer un discours sur la Rudolph-Wilde-Platz où il fait la critique sévère du système communiste.

Je suis fier de venir dans cette ville en tant qu'invité de votre maire qui représente aux yeux du monde l'âme combattante de Berlin-Ouest. Je suis fier de visiter la République fédérale d'Allemagne avec votre chancelier qui durant tant d'années a engagé l'Allemagne sur la voie de la démocratie, de la liberté et du progrès. Et je suis fier de venir ici en compagnie de mon ami, le général Clay, qui était dans cette ville aux grands moments de crise et qui viendra à nouveau si cela est nécessaire.

Il y a deux mille ans, la plus grande fierté était de dire : « *Civis Romanus sum.* » Aujourd'hui, dans le monde de la liberté, la plus grande fierté est de dire : « *Ich bin ein Berliner.* »

Certains dans le monde ne comprennent pas, ou prétendent ne pas comprendre, quel est le vrai problème entre le monde libre et le monde communiste. Qu'ils viennent à Berlin. Certains prétendent que le communisme est la voie de l'avenir. Qu'ils viennent à Berlin. Certains prétendent qu'on peut collaborer avec les communistes, en Europe ou ailleurs. Qu'ils viennent à Berlin. Quelques-uns enfin prétendent qu'il est vrai que le communisme est une doctrine néfaste mais qu'il nous permet de connaître un progrès économique. *Lass' sie nach Berlin kommen.* Qu'ils viennent à Berlin.

Notre liberté rencontre de nombreuses difficultés et notre démocratie n'est pas parfaite, mais nous n'avons jamais eu besoin d'avoir recours à la construction d'un mur pour garder notre peuple et pour éviter qu'il ne nous quitte. Au nom de mes compatriotes, qui vivent très éloignés de vous, de l'autre côté de l'Atlantique, je veux vous assurer qu'ils sont particulièrement fiers d'avoir partagé avec vous, au-delà de la distance, les événements de ces dix-huit dernières années. Je ne connais aucune autre ville qui soit assiégée depuis dix-huit ans et qui puisse vivre avec tant de vitalité, de force, d'espoir et de détermination que celle de Berlin-Ouest. Même si le mur incarne la plus éclatante démonstration de la faillite du système communiste, nous ne pouvons nous satisfaire de ce qui est, d'après les propos de votre maire, une offense non seulement à l'histoire mais aussi à l'humanité, séparant des familles, des maris et des femmes, des frères et des sœurs, un peuple qui souhaite être réuni.

Ce qui se passe dans cette ville se passe également en Allemagne. La paix européenne ne pourra être assurée tant qu'un Allemand sur quatre sera privé du droit élémentaire des hommes libres qui est l'autodétermination.

Après dix-huit ans de paix et de confiance, l'actuelle génération allemande a mérité le droit d'être libre et d'unir ses familles et son pays dans la paix. Vous vivez dans un îlot de liberté sauvegardé, mais votre vie est liée au sort du reste du pays. Laissez-moi donc vous recommander de regarder au-delà des dangers actuels et vers les espoirs de demain, au-delà de la liberté de Berlin-Ouest ou de l'Allemagne et vers la perspective d'une liberté partout dans le monde, au-delà du mur et vers la paix et la justice, au-delà de votre destin personnel et vers le destin universel.

La liberté est indivisible, et tant qu'un homme se trouvera encore réduit en esclavage, tous les autres hommes ne seront pas libres. Mais quand tous les hommes seront libres, nous pourrons espérer la réunification de la ville et l'union du pays et du continent européen dans la paix et l'espoir. Quand ce jour viendra, la population de Berlin-Ouest pourra être satisfaite après avoir été en ligne de front durant une vingtaine d'années.

Tous les hommes libres, où qu'ils vivent, sont citoyens de Berlin-Ouest. C'est pour cette raison qu'en tant qu'homme libre je suis fier de dire : « *Ich bin ein Berliner.* »

Traduction de Kevin LABIAUSSE

MARTIN LUTHER KING

« Discours de la marche de Washington »

28 août 1963

Martin Luther King (1929-1968) est un pasteur baptiste lorsqu'il amorce sa lutte contre la ségrégation en menant le boycott des bus de Montgomery aux côtés de Rosa Parks. Adoptant définitivement la politique de la non-violence dans ses combats, notamment dans celui en faveur des droits civiques pour la communauté noire, il reçoit en 1964 le prix Nobel de la paix. Il est assassiné en 1968 par un ségrégationniste blanc.

Le 28 août 1963 est organisée une marche sur Washington par les grandes associations noires pour l'accession aux droits civiques. Elle connaît un immense succès car elle réunit plus de deux cent cinquante mille participants. Son point d'orgue est le mémorable discours de Martin Luther King dans lequel il prononce l'incontournable expression « I have a dream » et fait le vœu d'un pays fraternel.

Je suis heureux de me joindre à vous en ce jour mémorable, celui de la plus grande manifestation pour la liberté de l'histoire de notre nation.

Il y a tout juste un siècle, un grand Américain [1], dans l'ombre symbolique duquel nous nous trouvons aujour-

1. Le 22 septembre 1862, le président Abraham Lincoln lance une proclamation d'émancipation, qui entrera en vigueur le 1er janvier 1863. Tous les esclaves des États confédérés – les États sécessionnistes sur lesquels l'Union n'a aucun pouvoir ! – sont officiellement émancipés. *(N.d.T.)*

d'hui, ratifiait notre acte d'émancipation. Ce décret capital a redonné espoir aux millions d'esclaves noirs marqués dans leur chair par une situation brûlante d'injustice. Ce jour-là fut l'aube joyeuse mettant un terme à une interminable nuit d'asservissement.

Mais cent ans plus tard, les Noirs ne sont toujours pas libres. Cent ans plus tard, les Noirs sont toujours entravés par les fers de la ségrégation et les chaînes de la discrimination. Cent ans plus tard, les Noirs vivent toujours isolés sur une île de pauvreté, au milieu d'un vaste océan de prospérité matérielle. Cent ans plus tard, les Noirs se morfondent toujours en marge de la société américaine et se retrouvent étrangers à leur propre terre.

C'est pour mettre en lumière ces conditions honteuses que nous sommes réunis en ce jour. En un sens, nous avons rejoint aujourd'hui la capitale de notre pays pour réclamer notre dû. Lorsque les fondateurs de notre République ont couché sur le papier les termes magnifiques de la Constitution et de la Déclaration d'indépendance, ils ont signé un billet à ordre dont chaque Américain devait hériter. La promesse que tout homme, aussi bien Noir que Blanc, se verrait garantir les droits inaliénables à la vie, à la liberté et à la poursuite du bonheur.

Il est aujourd'hui évident que l'Amérique a failli à sa promesse, au moins envers ses citoyens de couleur. Plutôt que d'honorer cet engagement sacré, elle a offert au peuple noir un chèque en bois, un chèque sans provision. Mais nous refusons de croire en la faillite de la banque de la justice. Nous refusons de croire que l'incroyable salle des coffres recelant les grandes chances que nous offre notre nation soit vide. Nous sommes donc venus réclamer notre dû, celui qui distribuera à la demande les richesses que sont la liberté et les valeurs de la justice.

Nous sommes également présents en ce lieu béni pour rappeler à l'Amérique l'urgence pressante du moment. Il n'est plus temps de céder au luxe du repos ni de s'adonner à la douce drogue du gradualisme. Il est temps de faire respecter les promesses de démocratie. Il est temps de sortir de la vallée obscure et déserte de la ségrégation pour rejoindre le chemin ensoleillé de la justice raciale. Il est temps de sortir notre pays du bourbier d'injustice raciale dans lequel il est empêtré pour lui faire rejoindre la terre solide de la fraternité. Il est temps de mettre sur pied une justice équitable pour tous les enfants de Dieu.

La nation ne se relèverait pas de rester aveugle à l'urgence du moment. La canicule de cet été où bout la colère légitime des Noirs ne s'apaisera pas avant l'arrivée d'un automne revigorant de liberté et d'égalité. 1963 n'est pas une fin, mais un commencement. Ceux qui pensaient que les Noirs avaient besoin d'évacuer un peu de pression et seront désormais satisfaits auront un réveil difficile si les choses reprennent comme avant.

Il n'y aura ni repos ni tranquillité en Amérique tant que les Noirs n'obtiendront pas leurs droits de citoyens. Les tremblements de la révolte continueront d'agiter les fondations de notre nation tant que la lumière de la justice ne l'irradiera pas.

Je dois néanmoins dire une chose à ceux de mon peuple qui attendent sur le seuil accueillant qui mène au palais de la justice. Pour obtenir notre vraie reconnaissance, ne nous rendons pas coupables d'actes répréhensibles. Ne cherchons pas à étancher notre soif de liberté en buvant au calice de l'amertume et de la haine. Veillons toujours à mener notre combat sur les terres de la dignité et de la discipline. Ne laissons pas notre démarche constructive dégénérer en violence destructive. Nous devrons encore et encore élever la force de notre esprit à des hauteurs majestueuses pour lutter contre la force physique.

Le nouveau et merveilleux militantisme dans lequel s'est engouffrée la communauté noire ne doit pas mener à la méfiance envers tout le peuple blanc, car nombreux sont nos frères blancs, comme l'atteste leur présence aujourd'hui, à avoir conscience que leur destinée est liée à la nôtre. Tout comme ils ont compris que leur liberté est inextricablement liée à la nôtre. Nous ne pouvons avancer seuls. Et tandis que nous avançons, nous devons faire le serment de toujours aller de l'avant. Nous ne pouvons faire demi-tour.

Certains demandent aux partisans des droits civils : « Quand serez-vous satisfaits ? » Nous ne pourrons être satisfaits tant que les Noirs seront victimes des indicibles horreurs de la brutalité policière. Nous ne pourrons être satisfaits tant que nos corps, rompus de la fatigue du voyage, ne pourront trouver repos dans les motels auto-routiers ou dans les hôtels citadins. Nous ne pourrons être satisfaits tant que la mobilité d'un homme noir se limitera à quitter un petit ghetto pour un ghetto plus grand. Nous ne pourrons jamais être satisfaits tant que sera pillée l'individualité de nos enfants, tant qu'ils seront dépouillés de leur dignité par des panneaux indiquant « Réservé aux Blancs ». Nous ne pourrons être satisfaits tant que les Noirs du Mississippi ne pourront pas voter, tant que ceux de New York croiront qu'ils n'ont personne pour qui voter. Non, non, nous ne sommes pas satisfaits et ne le serons jamais tant que la justice ne coulera pas de source, tant que le torrent de la vertu n'arrosera pas le pays.

Je suis conscient que certains d'entre vous ont subi de nombreuses épreuves et tribulations pour parvenir jusqu'ici. Certains sortent tout juste d'étroites cellules de prison. Certains d'entre vous viennent d'endroits où leur quête de liberté les a exposés à nombre de persécutions et brutalités policières. Vous êtes les vétérans de la souffrance créative. Continuez à avancer avec la conviction que les souffrances imméritées mènent à la rédemption.

Retournez au Mississippi, retournez en Alabama, retournez en Caroline du Sud, retournez en Géorgie, retournez en Louisiane, retournez dans les taudis et ghettos de vos villes du Nord, convaincus que la situation d'aujourd'hui peut être et sera changée.

Ne nous complaisons pas dans la vallée du désespoir. Je vous le dis aujourd'hui, chers amis : même si nous sommes confrontés aux difficultés d'aujourd'hui et de demain, je fais encore un rêve. Un rêve profondément ancré dans le rêve américain.

Je fais le rêve qu'un jour cette nation se lèvera pour respecter ce qui fait son essence même : « Nous tenons pour évidentes pour elles-mêmes les vérités suivantes : tous les hommes sont créés égaux[1]... »

Je fais le rêve qu'un jour, sur les rouges collines de Géorgie, les fils d'anciens esclaves et ceux d'anciens propriétaires d'esclaves pourront s'asseoir ensemble à la table de la fraternité.

Je fais le rêve qu'un jour même l'État du Mississippi, étouffant d'injustice et d'oppression, se changera en un havre de liberté et de justice.

Je fais le rêve qu'un jour mes quatre jeunes enfants vivront dans un pays où on ne les jugera pas pour la couleur de leur peau mais pour ce qu'ils sont.

Je fais un rêve aujourd'hui.

Je fais le rêve qu'un jour en Alabama, où nombreux sont les racistes brutaux, où le gouverneur ne jure que par les mots « intervention » et « invalidation », qu'un jour jusqu'en Alabama les petits garçons noirs et les petites filles noires puissent prendre la main de petits garçons blancs et de petites filles blanches, comme des frères et sœurs.

Je fais un rêve aujourd'hui.

Je fais le rêve qu'un jour chaque vallée sera élevée, chaque colline et montagne abaissée, que les terres rocailleuses seront aplanies, et que la gloire du Seigneur sera révélée à tous.

Tel est notre espoir. Telle est la croyance que je rapporterai dans le Sud. Avec une telle foi nous pourrons tailler dans la montagne de désespoir une pierre d'espérance. Avec une telle foi nous pourrons faire de la cacophonie discordante de notre nation une magnifique symphonie de fraternité. Avec une telle foi, nous pourrons travailler ensemble, prier ensemble, lutter ensemble, aller en prison ensemble, défendre la liberté ensemble, convaincus que nous serons libres un jour.

Ce jour-là, tous les enfants de Dieu pourront chanter d'un air nouveau : « Mon pays, c'est toi, douce terre de

1. Déclaration d'indépendance du 4 juillet 1776. *(N.d.T.)*

liberté, c'est toi que je chante. Terre où mon père est mort, terre fière des pèlerins, fais sonner sur chaque montagne l'air de la liberté ! » Et si l'Amérique veut être une grande nation, ce rêve doit devenir réalité.

Que sonne la liberté sur les prodigieuses cimes du New Hampshire. Que sonne la liberté sur les majestueuses montagnes de New York. Que sonne la liberté sur les hauteurs de l'Allegheny pennsylvanienne.

Que sonne la liberté sur les sommets enneigés des Rocheuses du Colorado. Que sonne la liberté sur les collines sinueuses de Californie.

Mais plus encore : que sonne la liberté sur le dôme de Stone Mountain en Géorgie.

Que sonne la liberté sur le plateau de Lookout Mountain au Tennessee.

Que sonne la liberté sur chaque colline et chaque butte du Mississippi, sur toutes les montagnes.

Que sonne la liberté. Et quand ce sera le cas, quand nous laisserons sonner la liberté, quand nous la laisserons sonner sur chaque village, sur chaque hameau, sur chaque État et sur chaque ville, nous pourrons faire venir le jour où tous les enfants de Dieu, les Noirs et les Blancs, les juifs et les gentils, les protestants et les catholiques, pourront se prendre la main et chanter ce vieux negro-spiritual : « Enfin libres ! Enfin libres ! Merci, Dieu Tout-Puissant, nous sommes enfin libres ! »

Traduction de Benjamin KUNTZER

Mère Teresa

« Discours pour son prix Nobel de la paix »

11 décembre 1979

Mère Teresa (1910-1997), de son vrai nom Agnes Gonxha Bajaxhiu, est issue d'une famille albanaise. Elle se voue déjà à la religion catholique quand elle arrive en Inde en janvier 1929. Elle prononce ses vœux définitifs en 1937 et devient directrice d'école. Elle se consacre aux pauvres des bidonvilles de son pays d'adoption à partir de 1946. D'abord appelée Sœur Teresa, c'est en fondant l'ordre des Missionnaires de la Charité qu'elle se fait nommer Mère Teresa. L'Église catholique lui reconnaît un miracle en 1998 et le pape Jean-Paul II la béatifie en 2003.

Le 17 octobre 1979, Mère Teresa reçoit le prix Nobel de la paix. À l'occasion de la remise du prix, le 11 décembre 1979 à Oslo, elle prononce un discours dans lequel elle dédie sa distinction à tous les pauvres dont elle s'occupe. Elle évoque également sa sévère opposition à l'IVG qu'elle considère comme « le plus grand destructeur de la paix ».

Les pauvres sont de grands hommes. Ils peuvent nous apprendre tant de belles choses. L'autre jour, l'un d'entre eux est venu me remercier et m'a dit : « Vous autres qui avez fait vœu de chasteté, vous êtes les plus à même de nous éduquer sur le planning familial, sur rien d'autre que le contrôle de soi-même dans l'amour pour l'autre. » Je pense qu'il avait prononcé une belle phrase. Ce sont des personnes qui n'ont peut-être rien à manger, n'ont peut-être pas d'endroit pour vivre, mais ce sont de grands hommes. Les pauvres sont des gens formidables. Un soir, nous sommes sortis et nous avons ramassé quatre personnes dans la rue. L'une d'entre elles se trouvait dans la plus terrible des conditions. J'ai dit aux sœurs : « Prenez soin des trois autres, je prends celle qui est au plus mal. » J'ai fait pour elle tout ce que mon cœur pouvait donner. Je l'ai couchée dans mon lit, et elle avait un joli sourire. Elle m'a pris la main et n'a dit qu'un seul mot : « Merci. » Et elle est morte.

Je n'ai pas pu soulager ma conscience mais je l'ai plutôt interrogée après cet épisode. Je me suis demandé ce que j'aurais dit si j'avais été à sa place. Ma réponse a été très simple. J'aurais essayé d'attirer l'attention sur moi, j'aurais dit que j'avais faim, que j'étais en train de mourir, que j'avais froid, que j'avais de la peine, ou quelque chose comme cela. Mais elle me donna davantage : elle m'avait offert son amour reconnaissant. Et elle était morte avec un sourire sur son visage. Tout comme cet homme que nous avons ramassé des égouts, à moitié rongé par les vers. Nous l'avons abrité. Il nous a dit : « J'ai vécu comme un animal dans la rue, mais je vais mourir comme un ange, aimé et soigné. » C'était tellement merveilleux de voir la grandeur d'âme de cet homme qui pouvait parler comme cela, qui pouvait mourir comme cela, sans jamais rien reprocher à quiconque, sans injurier quiconque, sans juger. Comme un ange. C'est cela la grandeur d'âme de notre peuple. [...]

Je m'adresse donc à vous ici. Je veux que vous trouviez les pauvres ici, d'abord directement dans votre pays. Et que vous commenciez par les aimer ici. Soyez la Bonne Nouvelle pour votre peuple. Découvrez votre voisin. Savez-vous vraiment qui il est ? J'ai vécu l'expérience la plus extraordinaire avec une famille hindoue de huit enfants. Un homme est venu chez nous et m'a dit : « Mère Teresa, il y a une famille avec huit enfants, ils n'ont pas mangé depuis si longtemps. Faites quelque chose. » J'ai pris du riz et je me suis rendue immédiatement chez eux. J'ai vu les enfants. Leurs yeux se sont illuminés devant mon riz du fait de leur grande faim. J'ignore si vous avez déjà lu la faim dans les yeux de quelqu'un, mais pour ma part, je l'ai lue très souvent.

La mère de famille a pris le riz, l'a divisé, puis s'en est allée. Quand elle est revenue, je lui ai demandé : « Où êtes-vous allée ? Qu'avez-vous fait ? » Elle m'a répondu très simplement : « Ils ont faim, eux aussi. » Ce qui m'a frappée le plus, c'était qu'elle savait qu'il s'agissait d'une famille musulmane. Je n'ai pas pris plus de riz ce soir-là parce que j'ai voulu qu'ils profitent du plaisir de partager. Mais il y avait ces enfants, rayonnant de joie, partageant leur bonheur avec leur mère parce qu'elle avait de l'amour à donner. Vous voyez, c'est là que l'amour commence, chez soi.

Traduction de Kevin LABIAUSSE

Yasser Arafat

« Discours à l'Assemblée générale des Nations unies »

13 décembre 1988

Yasser Arafat (1929-2004) est dirigeant de l'organisation palestinienne du Fatah quand il arrive à la tête de l'Organisation de libération de la Palestine (OLP) en 1969. D'abord perçu comme un terroriste en raison de son implication dans des attentats visant Israël, il apparaît à la fin de sa vie comme un partenaire de négociation privilégié dans le cadre du processus de paix israélo-palestinien. Il signe l'accord d'Oslo en 1993 et reçoit le prix Nobel de la paix l'année suivante.

Le 13 novembre 1974, Yasser Arafat expose devant l'Assemblée générale des Nations unies le point de vue de l'OLP sur les agressions israéliennes et avance le projet d'un État démocratique de Palestine où les différentes religions seraient associées. Quatorze ans plus tard, le 13 décembre 1988, il se rend à cette même Assemblée afin de faire le point sur les années écoulées. Engagé dans un conflit ponctué de batailles meurtrières et qui ne trouve aucune issue, il fait à nouveau appel à l'ONU en assurant de sa volonté d'atteindre une paix durable.

Il y a quatorze ans, le 13 novembre 1974, je recevais de vous une gracieuse invitation à exposer devant cette auguste Assemblée la cause de notre peuple palestinien. À l'heure où je me tiens ici devant vous aujourd'hui, après toutes ces années riches en événements, je constate que de nouveaux peuples ont pris place parmi vous, couronnant leurs victoires dans leurs combats pour la liberté et l'indépendance. Aux représentants de ces peuples, j'adresse les félicitations chaleureuses de notre peuple et je proclame que je reviens devant vous la voix plus haute, la détermination plus ferme et la confiance plus assurée pour réitérer ma conviction que notre lutte portera ses fruits et que l'État de Palestine, que nous avons proclamé lors de notre Conseil national, prendra sa place au sein de votre Assemblée afin de participer à vos côtés au renforcement de la Charte de cette organisation et de la Déclaration des droits de l'homme en mettant un terme aux tragédies endurées par l'humanité et en jetant les bases du droit, de la justice, de la paix et de la liberté pour tous.

Il y a quatorze ans, quand vous avez dit, dans la salle de l'Assemblée générale : « Oui à la Palestine et au peuple palestinien ! Oui à l'Organisation de libération de la Palestine ! Oui aux droits nationaux inaliénables du peuple palestinien ! », certains ont imaginé que vos résolutions auraient peu d'impact. Ils ne comprenaient pas que ces résolutions deviendraient une des sources les plus vives à laquelle s'abreuverait le rameau d'olivier que je portais ce jour-là, ce rameau qui s'est transformé, après que nous l'avons arrosé de notre sang, de nos larmes et de notre sueur, en un arbre enraciné dans la terre et s'élevant vers le ciel. C'est un arbre qui promet la victoire sur l'oppression, l'injustice et l'occupation. Vous nous avez offert l'espoir que la liberté et la justice triompheraient, et nous, en retour, vous avons donné une génération de notre peuple qui a consacré sa vie à la réalisation de ce rêve. Je veux parler de la génération de l'Intifada bénie, qui défend aujourd'hui l'honneur de sa patrie avec les pierres de sa terre et qui appartient à un peuple assoiffé de liberté et d'indépendance.

Je vous transmets les salutations des fils de notre peuple héroïque, de nos hommes et de nos femmes, des masses de notre Intifada bénie, qui entame sa deuxième année avec un grand élan et une organisation minutieuse, usant d'une approche civilisée et démocratique pour survivre et faire face à l'occupation, l'injustice et les crimes barbares commis quotidiennement par les occupants israéliens.

Je vous transmets les salutations de nos garçons et de nos filles dans les prisons et les camps de détention collective de l'occupation, des enfants des pierres qui défient la force d'occupation équipée d'avions, de blindés et d'armes et qui font revivre l'image du David palestinien confronté au Goliath israélien bardé d'armes.

À la conclusion de mon discours lors de notre première rencontre, j'avais, en tant que président de l'Organisation de libération de la Palestine et président de la révolution palestinienne, réaffirmé que vous ne voulions pas que soit versée une seule goutte de sang, juif ou arabe, et que nous ne voulions pas que les combats se poursuivent, ne fût-ce qu'une minute. Je m'adressais à vous également afin de nous épargner toutes ces épreuves et ces souffrances, et de hâter la mise en place des bases d'une paix juste fondée sur la garantie des droits, des espoirs et des aspirations de notre peuple, et de l'égalité des droits pour tous les hommes.

Je me suis également adressé à vous pour vous appeler à vous tenir aux côtés de notre peuple en lutte pour l'exercice de son droit à l'autodétermination et à donner les moyens à notre peuple de retourner de son exil imposé par la force du pistolet. Je vous demandais de nous aider à mettre un terme à l'injustice imposée à des générations successives de notre peuple depuis tant de décennies afin qu'il puisse vivre comme un peuple libre et souverain, sur son sol natal et dans ses maisons, et puisse profiter de tous ses droits nationaux et humains.

Enfin, j'ai dit à cette tribune que la guerre surgissait de Palestine et que la paix commençait en Palestine.

Le rêve que nous avions alors était l'établissement d'un État de Palestine démocratique au sein duquel vivraient musulmans, chrétiens et juifs sur un pied d'égalité, profitant des mêmes droits et ayant les mêmes obligations dans une communauté unifiée, à l'instar de tout autre peuple de notre monde contemporain.

Notre surprise fut grande à l'écoute des responsables israéliens prétendant que ce rêve palestinien prenait sa source dans les enseignements des religions monothéistes qui ont illuminé le ciel de la Palestine ainsi que les valeurs culturelles et humaines qui fondent la coexistence au sein d'une société libre et démocratique. Mais leurs dires étaient que ce rêve palestinien était un plan néfaste visant à détruire et à anéantir leur identité. [...]

Ne sommes-nous pas ceux qui ont pris l'initiative d'invoquer la Charte et les résolutions des Nations unies, la Déclaration des droits de l'homme et la légitimité internationale en tant que fondements pour la résolution du conflit arabo-israélien ? [...]

Je vous affirme que nous sommes, comme tous les autres peuples sur terre, un peuple qui aspire à la paix, et peut-être avec un peu plus d'ardeur, étant donné nos longues années de souffrance et la dureté des conditions de vie que subissent notre peuple et nos enfants, privés de vivre une vie normale, à l'abri des guerres, des tragédies, de l'exil, de la dispersion et de l'angoisse quotidienne.

Que s'élèvent les voix de ceux qui portent en eux le rameau d'olivier, la coexistence pacifique et l'entente nationale. Joignons nos mains pour défendre l'opportunité historique, et probablement unique, de mettre un terme à une tragédie qui a duré déjà trop longtemps et qui a coûté des milliers de vies et la destruction de centaines de villages et de villes.

Si nous tendons la main vers le rameau d'olivier, c'est parce que ce rameau germe dans nos cœurs à partir de l'arbre de notre patrie, l'arbre de la paix.

Je suis venu au nom de mon peuple, la main ouverte, afin que nous instaurions une paix réelle, une paix fondée sur la justice. Sur cette base, je demande aux dirigeants d'Israël de venir ici, sous l'égide des Nations unies, afin que nous accomplissions cette paix ensemble. Je leur dis, tout comme je vous le dis, que notre peuple recherche la dignité, la liberté et la paix pour lui-même et la sécurité pour son État tout comme il les recherche pour tous les États et les parties impliqués dans le conflit arabo-israélien.

Je m'adresse ici tout particulièrement au peuple israélien, de tous les courants et de tous les milieux, et avant tout aux forces de la démocratie et de la paix. Je leur dis : Venez, loin de la peur et de l'intimidation, faisons la paix. Éloignons-nous du spectre des guerres ininterrompues depuis quarante ans. Mettons de côté la menace des guerres à venir dont le combustible ne serait que les corps de nos enfants et de vos enfants. Venez, faisons la paix. Faisons la paix des braves, des courageux, loin de l'arrogance de la force et des armes de la destruction, loin de l'occupation, de l'oppression, de l'humiliation, du crime et de la torture.

Traduction de Kevin LABIAUSSE

Mikhaïl Gorbatchev

« Discours de démission »

25 décembre 1991

Mikhaïl Gorbatchev (1931) devient secrétaire général du Parti communiste en 1985 et tente de mettre en œuvre un programme de réformes économiques, nommé la « perestroïka » (restructuration) et la « glasnost » (transparence). Il signe avec le président des États-Unis, Ronald Reagan, un accord sur l'élimination des missiles à moyenne portée en Europe en 1987. Il préside l'URSS à partir de 1988 et reçoit le prix Nobel de la paix en 1990. Face aux bouleversements du monde communiste et à des réformes qui aggravent les difficultés de son pays, il quitte le pouvoir en 1991.

L'année 1991 voit le pouvoir de Gorbatchev s'affaiblir grandement. En août, même s'il n'aboutit pas, un putsch est organisé contre lui. À l'automne, certaines républiques constituantes de l'URSS proclament leur indépendance. En novembre, Boris Eltsine, président de la Fédération de Russie, interdit le Parti communiste d'Union soviétique sur le sol de son pays. Le 8 décembre, la Communauté des États indépendants (CEI) est instaurée par la Russie, l'Ukraine et la Biélorussie. Le 25 décembre, Mikhaïl Gorbatchev se résout donc à remettre sa démission et fait une allocution télévisée dans la soirée. Le lendemain, l'Union soviétique est officiellement dissoute.

Chers compatriotes, concitoyens. En raison de la situation qui prévaut actuellement, je mets fin à mes fonctions de président de l'URSS. En cette heure difficile, pour moi et pour tout le pays, alors qu'un grand État cesse d'exister, je reste fidèle à mes principes, qui m'ont inspiré dans la défense de l'idée d'une nouvelle Union.

J'ai défendu fermement l'autonomie, l'indépendance des peuples, la souveraineté des républiques. Mais je défendais aussi la préservation d'un État de l'Union, l'intégrité du pays. Les événements ont pris une tournure différente. La ligne du démembrement du pays et la dislocation de l'État a gagné, ce que je ne peux accepter car j'y vois de grands dangers pour nos peuples et pour toute la communauté mondiale. Et après la rencontre d'Alma-Ata, ma position à ce sujet n'a pas changé.

Néanmoins, je ferai tout mon possible pour que les accords qui y ont été signés conduisent à une entente réelle dans la société et facilitent la sortie de la crise et le processus des réformes. Je veux encore une fois souligner que, durant la période de transition, j'ai tout fait de mon côté pour préserver un contrôle sûr des armes nucléaires.

M'adressant à vous pour la dernière fois en qualité de président de l'URSS, j'estime indispensable d'exprimer mon évaluation du chemin qui a été parcouru depuis 1985. D'autant qu'il existe sur cette question beaucoup d'opinions contradictoires, superficielles et non objectives. Le destin a voulu qu'au moment où j'accédais aux plus hautes fonctions de l'État, il était déjà clair que le pays allait mal. Tout ici est en abondance : la terre, le pétrole, le gaz, le charbon, les métaux précieux, d'autres richesses naturelles, sans compter l'intelligence et les talents que Dieu ne nous a pas comptés, et pourtant nous vivons bien plus mal que dans les pays développés, nous prenons toujours plus de retard par rapport à eux.

La raison en était déjà claire : la société étouffait dans le carcan du système administratif de commande. Condamnée à servir l'idéologie et à porter le terrible fardeau de la militarisation à outrance, elle était à la limite du supportable. Toutes les tentatives de réforme partielle – et nous en avons eu beaucoup – ont échoué l'une après l'autre. Le pays perdait ses objectifs. Il n'était plus possible de vivre ainsi. Il fallait tout changer radicalement.

C'est pourquoi je n'ai pas regretté une seule fois de ne pas m'être servi du poste de secrétaire général [du PCUS] uniquement pour « régner » quelques années. Je l'aurais jugé irresponsable et amoral.

Je comprenais qu'entamer des réformes d'une telle envergure et dans une société comme la nôtre était une œuvre de la plus haute difficulté et, dans une certaine mesure, risquée. Mais il n'y avait pas de choix. Aujourd'hui encore je suis persuadé de la justesse historique des réformes démocratiques entamées au printemps 1985. Le processus de renouvellement du pays et de changements radicaux dans la communauté mondiale s'est avéré beaucoup plus ardu qu'on aurait pu le supposer. Néanmoins, ce qui a été fait doit être apprécié à sa juste valeur.

La société a obtenu la liberté, s'est affranchie politiquement et spirituellement. Et ceci constitue la conquête principale, encore insuffisamment appréciée, sans doute parce que nous n'avons pas encore appris à nous en servir. Mais aussi parce que le chemin de la liberté, que nous avons emprunté il y a six ans, s'est avéré épineux, incroyablement difficile et douloureux.

Néanmoins, une œuvre d'une importance historique a été accomplie : le système totalitaire, qui a privé le pays de la possibilité qu'il aurait eue depuis longtemps de devenir heureux et prospère, a été liquidé. Une percée a été effectuée sur la voie des transformations démocratiques. Les élections libres, la liberté de la presse, les libertés religieuses, des organes de pouvoir représentatifs et le multipartisme sont devenus une réalité. Les droits de l'homme sont reconnus comme le principe suprême. La marche vers une économie multiforme a commencé, l'égalité de toutes les formes de propriété s'établit. Dans le cadre de la réforme agraire, la paysannerie a commencé à renaître, le fermage est apparu, des millions d'hectares sont distribués aux habitants des villages et des villes. La liberté économique du producteur est entrée dans la loi, la liberté d'entreprendre, la privatisation et la constitution de sociétés par actions ont commencé à prendre forme.

En dirigeant l'économie vers le marché, il est important de rappeler que le pas est franchi pour le bien de l'individu. Dans cette époque difficile, tout doit être fait pour sa protection sociale. Nous vivons dans un nouveau monde : la « guerre froide » est finie, la menace d'une guerre mondiale est écartée, la course aux armements et la militarisation insensée qui ont dénaturé notre économie, notre conscience sociale et notre morale sont stoppées. Nous nous sommes ouverts au monde, nous avons renoncé à l'ingérence dans les affaires d'autrui, à l'utilisation des forces armées en dehors du pays. En réponse, nous avons obtenu la confiance, la solidarité et le respect.

Nous sommes devenus un des piliers principaux de la réorganisation de la civilisation contemporaine sur des principes pacifiques et démocratiques. Les peuples, les nations ont obtenu une liberté réelle pour choisir la voie de leur autodétermination. Les efforts pour réformer démocratiquement l'État multinational nous ont conduits tout près de la conclusion du nouvel accord de l'Union.

Tous ces changements ont provoqué une énorme tension, et se sont produits dans des conditions de lutte féroce, sur un fond d'opposition croissante des forces du passé moribond et réactionnaire, des anciennes structures du parti et d'État et de l'appareil économique, ainsi que de nos habitudes, de nos préjugés idéologiques, de notre psychologie nivellatrice et parasitaire. Ils se sont heurtés à notre intolérance, au faible niveau de culture politique et à la crainte des changements. Voilà pourquoi nous avons perdu beaucoup de temps.

L'ancien système s'est écroulé avant que le nouveau ait pu se mettre en marche. Et la crise de la société s'est encore aggravée. Je connais le mécontentement qu'engendre l'actuelle situation difficile, les critiques aiguës exprimées à l'encontre des autorités à tous les niveaux et à l'égard de mon action. Mais je voudrais souligner encore une fois : des changements radicaux, dans un pays si grand et avec un tel héritage, ne peuvent se dérouler sans douleur, sans difficultés et sans secousses.

Le putsch d'août a poussé la crise générale jusqu'à ses limites extrêmes. Le pire dans cette crise est l'effondrement de l'État. Et après la rencontre d'Alma-Ata, je demeure inquiet. Je suis inquiet de la perte pour nos compatriotes de la citoyenneté d'un grand pays, un fait dont les conséquences peuvent se révéler très graves pour tous. Conserver les conquêtes démocratiques de ces dernières années est pour moi d'une importance vitale. Elles sont le fruit douloureux de notre histoire. On ne peut y renoncer sous aucun prétexte. Dans le cas contraire, tous les espoirs d'un avenir meilleur seraient enterrés.

Je parle de tout cela avec honnêteté et franchise. C'est mon devoir moral. Je veux exprimer ma reconnaissance à tous les citoyens qui ont soutenu la politique de renouvellement du pays, qui se sont impliqués dans la mise en œuvre des réformes démocratiques. Je suis reconnaissant aux hommes d'État, personnalités de la vie politique et sociale, aux millions d'hommes à l'étranger – à ceux qui ont compris nos desseins, les ont soutenus, sont venus à notre rencontre, pour une coopération sincère avec nous.

Je quitte mon poste avec inquiétude. Mais aussi avec espoir, avec la foi en vous, en votre sagesse et en votre force d'esprit. Nous sommes les héritiers d'une grande civilisation, et, à présent, il dépend de tous et de chacun qu'elle ne parte en fumée mais renaisse pour notre joie et celle des autres. Je veux de toute mon âme remercier ceux qui, durant toutes ces années, ont défendu à mes côtés une cause juste et bonne. Je suis persuadé que tôt ou tard nos efforts communs porteront des fruits, et que nos peuples vivront dans une société démocratique et prospère. Je me démets de mes fonctions de président. Je vous souhaite à tous tout le bien possible.

Traduction de l'AFP

Nelson Mandela

« Discours d'investiture »

10 mai 1994

Nelson Mandela (1918) rejoint le Congrès national africain (ANC) en 1942 afin de lutter contre la suprématie politique de la minorité blanche en Afrique du Sud. Avocat, il met toute son énergie à lutter contre l'apartheid et la ségrégation raciale. Il est condamné à la détention à perpétuité en 1964 mais il est libéré et mis en résidence surveillée en 1988. Définitivement libéré en 1990, il œuvre pour maintenir la paix civile dans son pays, ce qui lui vaut le prix Nobel de la paix en 1993. Il est élu aux premières élections présidentielles démocratiques du pays en 1994. Il quitte son poste de président d'Afrique du Sud en 1999 et poursuit son action par l'intermédiaire de sa Fondation, notamment en faveur de la lutte contre le sida.

Le 27 avril 1994 ont lieu les premières élections présidentielles en Afrique du Sud. C'est l'ANC qui remporte très largement le scrutin. Nelson Mandela est donc élu président de la république d'Afrique du Sud. Il prête serment à Pretoria le 10 mai 1994 devant un large parterre de personnalités politiques internationales. Dans son discours d'investiture, il tient à rappeler les heures sombres de l'apartheid mais il évoque aussi l'enthousiasme du peuple noir sud-africain pour aborder une période plus optimiste.

Aujourd'hui, par notre présence ici, et par nos cérémonies dans d'autres endroits de notre pays et du monde, nous accordons tous gloire et espoir à la liberté qui vient de naître.

De l'expérience d'un immense désastre humain qui a duré trop longtemps doit naître une société dont toute l'humanité sera fière.

Nos actes quotidiens en tant que Sud-Africains ordinaires doivent produire une réalité sud-africaine concrète qui renforcera la foi de l'humanité en la justice, qui consolidera sa confiance en la grandeur de l'âme humaine et qui nourrira tous nos espoirs pour que notre vie à tous soit merveilleuse.

Tout ceci, nous le devons à la fois à nous-mêmes et aux peuples du monde entier qui sont si bien représentés ici aujourd'hui.

À mes compatriotes, je n'éprouve aucune hésitation à dire que chacun d'entre nous est aussi intimement attaché à la terre de ce beau pays que le sont les célèbres jacarandas de Pretoria et les mimosas de la brousse.

Chaque fois que l'un de nous touche le sol de ce pays, il perçoit le sentiment d'un regain personnel. L'humeur nationale change comme changent les saisons.

Nous sommes animés par un sentiment de joie et d'exaltation quand l'herbe reverdit et quand les fleurs s'ouvrent.

Cette unité spirituelle et physique que nous partageons tous avec cette patrie commune explique la profondeur de la douleur que nous portions tous dans nos cœurs quand nous voyions notre pays pleurer lui-même, déchiré dans un terrible conflit, et quand nous le voyions méprisé, boycotté et isolé des peuples du monde, précisément parce qu'il était devenu la base universelle de l'idéologie et de la pratique pernicieuse du racisme et de l'oppression raciale.

Nous, peuple sud-africain, sommes comblés que l'humanité nous ait repris sous son aile, et que nous, qui étions hors la loi il n'y a pas si longtemps encore, recevons aujourd'hui le rare privilège d'être les hôtes des nations du monde sur notre propre sol.

Nous remercions tous nos éminents invités internationaux d'être venus pour s'approprier avec le peuple de notre pays ce qui est, en définitive, une victoire commune pour la justice, pour la paix, pour la dignité humaine.

Nous espérons que vous continuerez à vous tenir à nos côtés lors des défis de construction de la paix, de la prospérité, de l'antisexisme, de l'antiracisme et de la démocratie.

Nous apprécions sincèrement le rôle qu'ont joué notre peuple et leurs masses politiques, les leaders démocratiques, religieux, les femmes, les jeunes, les entreprises, les leaders traditionnels et les autres leaders, pour arriver à ce résultat. Parmi ceux-ci, et non le moindre, se trouve mon deuxième président adjoint, Frederik Willem De Klerk.

Nous aimerions également rendre hommage à nos forces de sécurité, quel que soit leur rang, pour le rôle important qu'elles ont joué dans la protection de nos premières élections démocratiques et dans la transition vers la démocratie contre les forces assoiffées de sang qui refusent toujours de voir la lumière.

Le temps de soigner les blessures est arrivé.

Le temps de combler les fossés qui nous séparent est arrivé.

Le temps de construire est arrivé.

Nous avons enfin achevé notre émancipation politique. Nous nous engageons à libérer notre peuple de l'asservissement dû à la pauvreté, à la privation, à la souffrance, au sexisme et à toute autre discrimination.

Nous avons réussi à passer les dernières étapes vers la liberté dans des conditions de paix relative. Nous nous engageons à construire une paix complète, juste et durable.

Nous avons réussi à implanter l'espoir dans le cœur de millions de personnes de notre peuple. Nous nous engageons à bâtir une société dans laquelle tous les Sud-Africains, qu'ils soient blancs ou noirs, pourront se tenir debout et marcher sans crainte, sûrs de leur droit inaliénable à la dignité humaine – une nation arc-en-ciel, en paix avec elle-même et avec le monde.

Comme preuve de son engagement dans le renouveau de notre pays, le nouveau gouvernement par intérim de l'Unité nationale prend la décision, en tant que question urgente, d'amnistier les différentes catégories de compatriotes accomplissant actuellement leur peine d'emprisonnement.

Nous dédions ce jour à tous les héros et à toutes les héroïnes de ce pays et du reste du monde qui se sont sacrifiés de multiples façons et ont donné leur vie pour que nous puissions être libres.

Leurs rêves sont devenus réalité. La liberté est leur récompense.

Nous nous sentons à la fois humbles et fiers de l'honneur et du privilège que vous, peuple sud-africain, nous avez fait en nous nommant premier président d'un gouvernement d'union démocratique, non raciste et non sexiste.

Nous sommes conscients que la route vers la liberté n'est pas facile.

Nous sommes conscients qu'aucun de nous ne peut réussir seul.

Nous devons donc agir ensemble comme un peuple uni, vers une réconciliation nationale, vers la construction d'une nation, vers la naissance d'un nouveau monde.

Que la justice soit la même pour tous.

Que la paix existe pour tous.

Qu'il y ait du travail, du pain, de l'eau et du sel pour tous.

Que chacun d'entre nous sache que son corps, son esprit et son âme ont été libérés afin qu'ils puissent s'épanouir.

Que jamais, jamais et jamais plus, ce pays magnifique ne revive l'expérience de l'oppression des uns par les autres, ni ne souffre à nouveau l'indignité d'être le paria du monde.

Que la liberté règne.

Que le soleil ne se couche jamais sur une réalisation humaine aussi éclatante !

Que Dieu bénisse l'Afrique !

Traduction de Kevin LABIAUSSE

George W. Bush

« Discours au Congrès »

20 septembre 2001

George Walker Bush (1946) est le fils aîné de George Herbert Walker Bush, président des États-Unis de 1989 à 1993. Appartenant au Parti républicain comme son père, il est gouverneur de l'État du Texas pour deux mandats consécutifs, de 1994 à 2000. Il abandonne cette fonction lorsqu'il est élu aux élections présidentielles américaines de décembre 2000. Président des États-Unis à partir du début de l'année 2001, il est réélu en novembre 2004.

Le 11 septembre 2001, les États-Unis subissent les attaques terroristes du groupe islamiste al-Qaida. Trois des quatre avions détournés sont précipités vers des bâtiments emblématiques de la puissance américaine : les tours jumelles du World Trade Center à New York représentant la puissance économique, le Pentagone à Washington représentant la puissance militaire. Au total, les victimes sont évaluées à plus de 2 900 morts. Le lendemain, le Conseil de sécurité des Nations unies adopte la résolution 1368 condamnant ces actes terroristes. Le 20 septembre, George W. Bush s'adresse directement au peuple américain depuis le Congrès pour accuser sévèrement le mouvement islamiste al-Qaida et pour demander le soutien des autres nations.

Dans le cours normal des événements, les présidents viennent dans cette Chambre afin de présenter leur rapport sur l'état de l'Union. Ce soir, il n'est pas question du rapport sur l'état de l'Union. Il a été rendu par le peuple américain lui-même.

Nous l'avons observé dans le courage des passagers, qui ont agressé les terroristes pour sauver d'autres personnes sur le sol – des passagers comme un homme exceptionnel nommé Todd Beamer. Je vous demanderai de bien vouloir accueillir sa femme, Lisa Beamer, ici ce soir. Nous avons vu l'état de notre Union dans l'effort de nos sauveurs, œuvrant au-delà de l'épuisement. Nous avons vu le déploiement des drapeaux, la lumière des bougies, le don du sang, les prières – en anglais, en hébreu, en arabe. Nous avons vu la décence d'un peuple aimant et généreux qui a fait du chagrin des autres le sien. Mes chers compatriotes, durant ces neuf derniers jours, le monde entier a vu l'état de notre Union – et il est solide.

Ce soir, nous sommes un pays réveillé par le danger et appelé à défendre la liberté. Notre chagrin a cédé place à la colère, et la colère à une décision. Que nous traduisions nos ennemis en justice ou que nous amenions la justice à nos ennemis, la justice sera faite. Je remercie le Congrès pour son soutien à un moment si important. Au soir de la tragédie, toute l'Amérique a été touchée de voir les Républicains et les Démocrates se réunir sur les marches de ce Capitole pour chanter « Que Dieu bénisse l'Amérique ». Et vous avez fait plus que chanter ; vous avez agi, en donnant quarante milliards de dollars pour reconstruire nos communautés et assurer les besoins de notre armée. Président de la Chambre Hastert, chef de l'opposition Gephardt, chef de la majorité Daschle et sénateur Lott, je vous remercie pour l'amitié, pour le soutien et pour le service rendu à notre pays. Et au nom du peuple américain, je remercie le monde pour l'expression de son soutien. L'Amérique n'oubliera jamais l'air de notre chant national joué à Buckingham Palace, dans les rues de Paris et à la porte de Brandebourg de Berlin.

Nous n'oublierons pas les enfants de Corée du Sud réunis pour prier devant notre ambassade de Séoul, ou les personnes priant dans une mosquée du Caire. Nous n'oublierons pas les minutes de silence et les jours de deuil en Australie, en Afrique et en Amérique latine. Nous n'oublierons pas non plus les citoyens des quatre-vingts autres pays qui sont morts avec les nôtres : de nombreux Pakistanais ; plus de cent trente Israéliens ; plus de deux cent cinquante Indiens ; des hommes et des femmes du Salvador, d'Iran, du Mexique et du Japon ; et des centaines d'Anglais. L'Amérique n'a pas d'amie plus fidèle que la Grande-Bretagne. Une fois encore, nous sommes réunis pour une grande cause – si honorés que le Premier ministre anglais ait traversé l'océan pour montrer sa solidarité envers l'Amérique. Merci d'être venu, cher ami.

Le 11 septembre, les ennemis de la liberté ont commis un acte de guerre contre notre pays. Les Américains ont connu des guerres – mais durant les cent trente-six dernières années, ils se sont engagés dans des guerres qui se déroulaient sur des sols étrangers, excepté un dimanche de l'année 1941 [1]. Les Américains ont connu les victimes de la guerre – mais pas dans le matin tranquille du centre d'une grande ville. Les Américains ont connu les attaques surprise – mais jamais sur des milliers d'hommes. Tout cela nous est arrivé en un seul jour – et la nuit tombe sur un monde différent, un monde où la liberté elle-même est attaquée. Les Américains s'interrogent ce soir. Les Américains se demandent : qui a attaqué notre pays ? L'évidence est que tout nous conduit vers un groupe d'organisations terroristes vaguement affiliées et connu sous le nom d'al-Qaida. Certains des meurtriers sont inculpés pour avoir bombardé les ambassades américaines de Tanzanie et du Kenya, et sont responsables de l'attaque du destroyer USS *Cole*. Al-Qaida terrorise comme la mafia tue. Mais son but n'est pas de faire de l'argent ; son but est de refaire le

1. Le 7 décembre 1941, l'armée japonaise bombarde la base américaine de Pearl Harbor, précipitant l'entrée en guerre des États-Unis. *(N.d.T.)*

monde – et d'imposer ses croyances radicales sur le peuple partout dans le monde.

Les terroristes pratiquent une forme d'extrémisme islamique en marge, rejeté des intellectuels musulmans et de la vaste majorité des religieux musulmans. C'est une tendance en marge qui pervertit les enseignements pacifistes de l'islam. La directive des terroristes les oblige à tuer les chrétiens et les juifs, de tuer tous les Américains, et de ne faire aucune distinction entre les militaires et les civils, y compris les femmes et les enfants. Ce groupe et son chef – une personne appelée Oussama Ben Laden – sont liés à beaucoup d'autres organisations dans différents pays, y compris le Jihad islamique égyptien et le Mouvement islamique de l'Ouzbékistan. Il existe des milliers de ces terroristes dans plus de soixante pays. Ils sont recrutés dans leur propre pays ou à proximité et sont amenés dans des camps comme en Afghanistan, où ils sont entraînés à la stratégie militaire et au terrorisme. Ils sont renvoyés dans leur pays ou envoyés pour se cacher dans des pays partout dans le monde afin de conspirer le mal et la destruction.

La direction d'al-Qaida possède une grande influence en Afghanistan et soutient le régime des talibans en contrôlant la majorité du pays. Nous voyons en Afghanistan la vision d'al-Qaida pour le monde. Le peuple afghan a été violenté ; beaucoup sont affamés et beaucoup se sont enfuis. Les femmes ne sont pas autorisées à aller à l'école. Vous pouvez être emprisonné parce que vous possédez une télévision. La religion ne peut être pratiquée qu'à la façon édictée par ses dirigeants. Un homme peut être emprisonné en Afghanistan si sa barbe n'est pas assez longue.

Les États-Unis respectent le peuple afghan. Après tout, nous sommes actuellement sa plus grande source d'aide humanitaire ; mais nous condamnons le régime des talibans. Il ne fait pas que mener la répression sur son propre peuple, il menace aussi les hommes partout dans le monde en aidant, en protégeant et en approvisionnant les terroristes. En soutenant et en encourageant le crime, le régime des talibans commet le crime.

Et ce soir, les États-Unis d'Amérique formulent les requêtes suivantes aux talibans. Livrez aux autorités des États-Unis tous les chefs d'al-Qaida qui se cachent dans votre pays. Relâchez tous les ressortissants, y compris les citoyens américains, que vous avez injustement emprisonnés. Protégez les journalistes étrangers, les diplomates et les personnes en mission humanitaire dans votre pays. Fermez immédiatement et définitivement chaque camp d'entraînement terroriste en Afghanistan, et livrez chaque terroriste et chaque personne qui l'entoure aux autorités compétentes. Donnez aux États-Unis le libre accès aux camps d'entraînement terroristes jusqu'à ce que nous soyons sûrs qu'ils ne sont plus en fonction. Ces requêtes ne sont pas à négocier ou à discuter. Les talibans doivent agir, et agir immédiatement. Ils doivent livrer les terroristes, ou ils partageront leur destin.

Je veux également m'adresser ce soir directement aux musulmans du monde entier. Nous respectons votre religion. Elle est pratiquée librement par plusieurs millions d'Américains, et par des millions d'autres dans des pays que l'Amérique compte comme amis. Ses enseignements sont bons et pacifistes, et ceux qui commettent le mal au nom d'Allah salissent le nom de ce dernier. Les terroristes sont les traîtres de leur propre religion, tentant, en fait, de détourner l'islam lui-même. Les ennemis de l'Amérique ne sont pas nos nombreux amis musulmans ; ils ne sont pas nos nombreux amis arabes. Nos ennemis sont un réseau radical de terroristes et chaque gouvernement qui le soutient. Notre guerre sur le terrorisme commence avec al-Qaida, mais elle ne s'arrêtera pas là. Elle ne se terminera que lorsque chaque groupe terroriste de large portée aura été découvert, arrêté et vaincu. [...]

Nous demandons à chaque pays de nous rejoindre. Nous demandons, et nous avons besoin de l'aide des forces policières, des services de renseignements et des systèmes bancaires à travers le monde. Les États-Unis sont reconnaissants que de nombreux pays et de nombreuses organisations internationales aient déjà répondu positivement – avec sympathie et avec soutien. Des pays d'Amérique latine, d'Asie, d'Afrique, d'Europe, du monde musulman. La Charte des Nations unies résume peut-être le mieux l'attitude du monde : une attaque sur un est une attaque sur tous. Les pays du monde civilisé se rallient au camp américain. Ils comprennent que si la terreur reste impunie, leurs propres villes et leurs propres habitants peuvent en être les prochaines victimes. La terreur impunie n'amène pas seulement la destruction des bâtiments, elle peut également menacer la stabilité de gouvernements légitimes. Nous ne sommes pas prêts à accepter cela.

Traduction de Kevin LABIAUSSE

Dominique de Villepin

« Discours au Conseil de sécurité de l'ONU »

14 février 2003

Dominique de Villepin (1953) adhère au Rassemblement pour la République à l'issue de ses études à l'ENA. En 1980, il entame une carrière de diplomate en exerçant différentes fonctions au sein de plusieurs ambassades de France. En 2002, il est nommé ministre des Affaires étrangères dans le gouvernement de Jean-Pierre Raffarin. En 2005, il est nommé Premier ministre, une fonction qu'il quitte deux ans plus tard, à la veille de la passation de pouvoir entre Jacques Chirac et Nicolas Sarkozy.

Le 14 février 2003, en plein cœur de la crise irakienne, le chef des inspecteurs des Nations unies, Hans Blix, présente au Conseil de sécurité un rapport démontrant qu'aucune preuve d'activité nucléaire et de possession d'armes interdites n'a été observée en Irak. Alors que les États-Unis continuent de soupçonner Bagdad de tricher et envisagent un recours à la force, Dominique de Villepin prononce un plaidoyer pour désarmer l'Irak sans conflit et marque la détermination de la France à demander la poursuite renforcée des inspections.

Nous partageons tous une même priorité, celle de combattre sans merci le terrorisme. Ce combat exige une détermination totale. C'est, depuis la tragédie du 11 septembre, l'une de nos responsabilités premières devant nos peuples. Et la France, qui a été durement touchée à plusieurs reprises par ce terrible fléau, est entièrement mobilisée dans cette lutte qui nous concerne tous et que nous devons mener ensemble. C'est le sens de la réunion du Conseil de sécurité qui s'est tenue le 20 janvier, à l'initiative de la France.

Il y a dix jours, le Secrétaire d'État américain, M. Powell, a évoqué des liens supposés entre al-Qaida et le régime de Bagdad. En l'état actuel de nos informations et recherches menées en liaison avec nos alliés, rien ne nous permet d'établir de tels liens. En revanche, nous devons prendre la mesure de l'impact qu'aurait sur ce plan une action militaire contestée actuellement. Une telle intervention ne risquerait-elle pas d'aggraver les fractures entre les sociétés, entre les cultures, entre les peuples, fractures dont se nourrit le terrorisme ?

La France l'a toujours dit : nous n'excluons pas la possibilité qu'un jour il faille recourir à la force, si les rapports des inspecteurs concluaient à l'impossibilité pour les inspections de se poursuivre. Le Conseil devrait alors se prononcer et ses membres auraient à prendre toutes leurs responsabilités. Et, dans une telle hypothèse, je veux rappeler ici les questions que j'avais soulignées lors de notre dernier débat le 4 février et auxquelles nous devrons bien répondre :

En quoi la nature et l'ampleur de la menace justifient-elles le recours immédiat à la force ?

Comment faire en sorte que les risques considérables d'une telle intervention puissent être réellement maîtrisés ?

En tout état de cause, dans une telle éventualité, c'est bien l'unité de la communauté internationale qui serait la garantie de son efficacité. De même, ce sont bien les Nations unies qui resteront demain, quoi qu'il arrive, au cœur de la paix à construire.

Monsieur le Président, à ceux qui se demandent avec angoisse quand et comment nous allons céder à la guerre, je voudrais dire que rien, à aucun moment, au sein de ce Conseil de sécurité, ne sera le fait de la précipitation, de l'incompréhension, de la suspicion ou de la peur.

Dans ce temple des Nations unies, nous sommes les gardiens d'un idéal, nous sommes les gardiens d'une conscience. La lourde responsabilité et l'immense honneur qui sont les nôtres doivent nous conduire à donner la priorité au désarmement dans la paix.

Et c'est un vieux pays, la France, un vieux continent comme le mien, l'Europe, qui vous le dit aujourd'hui, qui a connu les guerres, l'occupation, la barbarie. Un pays qui n'oublie pas et qui sait tout ce qu'il doit aux combattants de la liberté venus d'Amérique et d'ailleurs. Et qui pourtant n'a cessé de se tenir debout face à l'Histoire et devant les hommes. Fidèle à ses valeurs, il veut agir résolument avec tous les membres de la communauté internationale. Il croit en notre capacité à construire ensemble un monde meilleur.

Bibliographie
Sites Internet

CABARROT (Olivier), *Ces grands discours qui ont fait le siècle*, Paris, Anne Carrière, 2000.

Les grands discours parlementaires de la Révolution : de Mirabeau à Robespierre, 1789-1795, textes présentés par Guy Chaussinand-Nogaret, Armand Colin, 2005.

American speeches: political oratory from Abraham Lincoln to Bill Clinton, The Library of America, 2006.

www.americanrhetoric.com : site des grands discours américains.
www.nato.int : site de l'OTAN.
www.yale.edu : site de l'université de Yale.
www.nobelprize.org : site des prix Nobel.
www.whitehouse.gov : site de la Maison-Blanche.
www.domino.un.org/unispal.nsf : site du Système d'information des Nations unies sur la question de la Palestine.
www.charles-de-gaulle.org : site de la Fondation Charles de Gaulle.
www.doc.diplomatie.gouv.fr : site des déclarations françaises de politique étrangère mis en ligne par le ministère des Affaires étrangères.

Librio

854

Composition PCA – 44400 Rezé
Achevé d'imprimer en France par Aubin
en décembre 2007 pour le compte de E.J.L.
87, quai Panhard-et-Levassor, 75013 Paris
Dépôt légal décembre 2007
EAN 9782290006801

Diffusion France et étranger : Flammarion